はじめての催眠術

漆原正貴

講談社現代新書

2587

「……我我は誰一人として真実の世界を見たり、聞いたりすることはできないんだ。
脳の選んだ、いわば偏った僅かな情報のみを知覚しているだけなんだ」

——京極夏彦『姑獲鳥の夏』

はじめに　――なぜ催眠を学ぶのか

「催眠」とは何なのでしょうか。

日頃テレビや小説の中で目にする催眠は、どこか怪しく不思議でうさんくさく、大半の人は自分とは無関係なものと思われているでしょう。私もかつてそう考えていました。

「催眠にかかった」人は、以下のような現象を体験することができます。

●手や身体が勝手に動く
●腕を曲げられなくなる
●椅子から立てなくなる
●目の前のものを好きになってしまう
●水が甘くなったり酸っぱくなったりする
●自分の名前を忘れる

これらはすべて、本当に起こる現象です。私は10年前に催眠に出会いました。それまでは催眠の存在自体、信じていなかったのですが、自ら体験してみると「実在する」としか言えない。であれば、なぜそんな不思議な現象が起こるのか。それを知りたいという思いから、東京大学大学院では催眠の認知科学研究を行い、また実践者として催眠の習得に努めてきました。やがて、催眠は特別なものというよりもむしろ、日常の中に存在している身近な現象なのではないかという思いが生まれてきたのです。

催眠についての知識は、自らが依って生きる世界の見え方を一変させます。

人が知覚し体験している世界は、大小あれど常に何らかの「暗示」の影響を受けています。たとえば催眠では、おおよそ4人に1人の割合で、味覚の変化を体験することができます（「水が甘くなる」「わさびが辛くなくなる」など）。日常生活の中で「味が変わる催眠」を体験したり目にしたりする機会はほぼないでしょう。ですがこの事実を知っていると、食品や飲料のCMなどを見たときに「これは催眠のスクリプト（セリフ）に近いな」「であれば、実際にこれで『味が変わる』人も一定の割合でいるのだろうな」という考えが浮かんできます。

あるいは誰かと話していて、「なんでこの人は考えを変えられないのだろう」と不条理に思うことがあります。そんなとき、暗示の強力さを知っていると、「人の見ている世界は、思い込みによって実際に変化する」と理解ができます。

言葉を与えられるだけで、立てなくなったり、何かを好きになったり、自分の名前を忘れたりするのです。それほどまでに暗示の力は強く、人の認知は変わりやすいものである。そう知った上で日常に臨むことは、さまざまな示唆を与えてくれます。ビジネスやスポーツ、人間関係に役立つのは言うまでもなく、より大きな見方で捉えれば、世界にいま巻き起こっている分断を乗り越える手がかりになるとさえ私は考えています。

治療者でも研究者でもない一般の人が、なぜ催眠を学ぶのか。その意義はここにあると思います。


催眠については「素人が行うべきものではない」という指摘もあります。かつて催眠は、政府によって禁止されてさえいました。しかし近年、催眠の技法は動画投稿サイトやWEBの記事を通して、専門家以外にも浸透しつつあります。催眠についての誤った知識が広まっている現状を考えると、催眠が特権的なツールとして一部の人だけの専門知識に留まるのではなく、むしろ当たり前のように正しく理解されているほうがよいのではないかと年々感じるようになってきました。

催眠とはつまるところ、言葉であり、コミュニケーションの技法です。その意味ではどんな人にとっても知る価値があります。催眠の持つ特別なイメージを破壊して、素朴な面白さを知ってもらうには、「自分で体験する」以上に強力な方法はありません。

そこでこの本では、催眠についてまったく知識のない人が、最短距離で「催眠ができる」ようになることを目指します。TVなどで見る不可思議な催眠は、実は誰でも習得が可能です。そのために必要なすべての知識を、平易な言葉で解説します。

第1章～第2章は「準備編」として、催眠がどのように生まれ、どのように研究対象になり、そして今、神経科学や認知心理学の分野でどのように扱われているのかについて概要をまとめました。「催眠」という不思議な現象に、人々はどうアプローチをしてきたのか。その過程はエキサイティングです。催眠についての理解の変遷を辿ることで、同時に、催眠を行う上での正しい知識を身につけることが可能になります。

第1章は催眠についての基本的な情報をまとめています。歴史から最新の研究まで、催眠にまつわる重要なトピックを、信頼のおける学問的な立場から見ていきます。最初は見通しが悪く感じるかもしれませんが、その場合は飛ばして第2章から読んでいただき、あとで戻っていただくのもよいでしょう。

第2章では、実践に入る前に知っておきたい情報をコンパクトに整理しました。これだけ読んでおけば、催眠の練習に取り掛かることができます。安全に催眠を行う上で大切なことがまとまっていますので、こちらは必ず目を通していただければ幸いです。

第3章〜第5章は「実践編」として、まったく催眠に触れたことがない人を対象に、誰でも試せる面白い催眠のやり方を紹介します。その際、「トランス」や「潜在意識」などのあいまいな概念を極力使わない説明を心がけました。単にスクリプトを紹介するだけではなく、どんなマインドセットを持てばいいのか、どのように練習すればいいのか、といったことまで含め、半信半疑で読んだ方が実際に使えるようになるまで段階を踏んで解説を行います。

特に第3章では、これまで催眠に一切触れたことがなかった人でもほぼ現象を起こせる技法を集めました。科学実験のような感覚で、楽しみながら試せる現象ばかりです。第4章、第5章と難易度は上がっていきますが、順番に読んでいただくことで、徐々に催眠の技法を習得していただけるような構成となっています。

第6章ではそれまでの理論と実践を踏まえて、エリクソンという20世紀最高の催眠療法家のアプローチや、自己催眠などの進んだ話題を取り上げて解説します。

催眠に関して、学術的な理論と実践の手法を共に解説している一般向けのテキストは、私の知る限りほとんど見当たりません。10年前、催眠を学ぼうとして途方に暮れた時のことを思い出しながら、あの頃に読みたかったのはどんな本だったかと考えました。

催眠研究を知らずとも、催眠の技術を習得することは可能です。ですが、催眠研究を踏まえることで、技術習得が容易になると私は考えています。そして技術を習得するほどに、催眠の理論的な理解が深まっていく。その相乗効果を狙っています。実践の機会がない人であっても、「催眠で何ができるのか」を知ることは、催眠についてのイメージを具体化し日常生活に応用していく上で有益です。

催眠現象とはどういうものなのかを、単なる説明だけではなく、実践を通して理解する。それが本書の目的です。この本を読み終える頃には、奇妙に思えたはずの催眠が自然と使えるようになっているでしょう。

目次

第1章 【準備編①】催眠とは何か

催眠とは何か。これは意外に、答えるのが難しい質問です。催眠は定義からメカニズムに到るまでいろいろな見解があり、いまだに決着がついていません。それでも、18世紀における催眠の「発見」から250年近くが経つ中で、催眠がまとう謎のベールは確かに少しずつ剝がされていっています。

催眠は一言では言い表せない、複雑で面白い現象です。私たちの常識とは異なることが起こるため、ときに戸惑うようなこともあるかもしれません。固定観念が壊れる面白さを味わいつつ、さまざまな視点から、この不思議な現象の正体に迫っていくことにしましょう。

催眠の歴史や最新の研究成果を紐解いていく中で、捉え所のない催眠の輪郭を明確にしていくのがこの章の目的です。

1　催眠とは何か

催眠にまつわる誤解

催眠という言葉は誰もが知っています。決して馴染みのない単語ではないはずですが、それが何なのかと問われて、正しく説明できる人は稀でしょう。

自分の経験上、「催眠」という言葉を聞いてどんなイメージを思い浮かべるか尋ねると、次のような答えが返ってくることが多いです。

a：催眠にかかると眠ってしまう
b：催眠中は自由意思がなくなり、「催眠術師（施術者）」に操られてしまう
c：催眠によって前世の記憶が思い出せる
d：催眠中に起こったことはすべて忘れてしまう
e：催眠とはオカルトや超自然的な現象の類である
f：催眠とは催眠術師の備えた能力である

最初にこのようなイメージを正しておきましょう。これらの答えはすべて、間違ったものです。催眠については正しい理解よりも誤解のほうが遥かに広まっており、場合によってはネガティブなイメージが伴っていることも少なくありません。もちろん、それだけ誤解されているのには理由があり、後ほど紹介する歴史を辿る中でその一端を見ることができるでしょう。

それでは、催眠の「正しい理解」とは何なのか。先に挙げた誤解の裏を返せば、催眠とは以下のようなものだと言えます。

A：催眠は睡眠とはまったく異なる状態である
B：催眠中も「催眠を体験する人（被験者）」の意思が失われることはなく、本人が嫌なことは実現されない
C：催眠によって思い出せるのは、本人の記憶のある範囲のことに限る
D：催眠中の記憶喪失は極めて稀である
E：催眠は心理学や医学などの学問領域で実践・研究されてきた現象である
F：催眠とは「催眠を体験する人」の備えた能力である

催眠は、理論も実践も、まずは誤解を正すところから始まります。催眠を行うときには、最初に被験者の誤った信念を解くことが欠かせません。

催眠の定義

では催眠を一言で説明すると何なのだ、と問いたくなってきたところで、その定義を見てみることにします。

世界的に権威のある心理学の学会の一つ、米国心理学会には、催眠部門（APA Division 30）が存在しています。２０１４年に同学会によって作られた定義を紹介しましょう。催眠現象の理論的な解釈にはたくさんのバリエーションがあると前置きした上で、次のような簡便な定義が公表されています。

催眠＝暗示に反応する能力の高まりが特徴的な、注意の集中と周辺への気づきの低下を伴う意識状態

日常的な言葉で嚙み砕くと、催眠とは「周りの物事が気にならなくなり、注意を一点に

集中している、暗示に反応しやすくなった状態」といったところでしょう。

ここで「暗示」という最重要キーワードが出てきましたが、催眠は一般的に「催眠誘導」と「暗示」という二つのプロセスにより構成されると考えられています。催眠においては、まず催眠誘導を行ったのちに暗示を与えるというのがオーソドックスな流れです。

ではこれら二つは、どのように区別されるのでしょうか。

催眠誘導と暗示

催眠誘導とは、催眠暗示を行うための準備であり、同じく米国心理学会の定義を引用すれば「催眠を引き起こすために設計された手続き」であるとされています。

催眠誘導において施術者は、被験者のリラックスを言葉で促し、催眠のセッション中に達成すべきことに集中できるよう、手助けしていきます。

「それでは、身体から力を抜いてください」「掌《てのひら》の一点を決めて、そこを見つめてください」「今から数字を数えると、あなたは深くリラックスして催眠に入っていきます」といった言葉を与えながら、準備を行っていきます。

ただし催眠誘導の必要性についてはさまざまな立場があり、誘導は必須ではないと考える立場もあります。詳しくは後ほど触れることにします。

暗示とは、体験や意識、行動の変性をもたらすような言葉です。「あなたの手はだんだん重たくなってきます」「あなたはもう手を開くことができなくなります」といった言葉によって、被験者は実際に、そのような変性を体験します。

暗示を理解するには、「手を開くな」という〝命令〟や「手を開かないでください」という〝依頼〟と比較するとわかりやすいかもしれません。暗示では、命じたり頼んだりすることなく、何かの変性が起こることを示します。

先ほど紹介した米国心理学会催眠部門の定義は、確かに簡潔で一見わかりやすいのですが、「暗示」という言葉がブラックボックスに入ったままなのが、初学者には直感的ではないように思います。ほかにも団体や研究者によってさまざまな定義が提唱されていますが、丁寧に説明しようとすれば長く煩雑になり、一長一短。そもそも立場が異なれば催眠の理解の仕方も異なっているため、誰もが納得する催眠の定義は難しいと言えるでしょう。

催眠についての本書のスタンス

ここまで述べてきたことを踏まえた上で、催眠とはどんな現象かを一言で摑むために、より経験に寄り添った本書としての定義を述べておくことにします。

催眠とは**「知覚や感覚、感情に関して、何か変化が起こるという期待があったときに、実際にその変化が実現する現象」**のことです。

「手が動くかも」と期待していると、実際に手が動き出す。
「立てないかも」と期待していると、本当に立てなくなる。

本書では、そのような現象を催眠と捉えます。またこれらを引き起こすことを「催眠を行う」と呼びます。

なぜこのような定義を選んだのかについては、本書の最後で、もう一度振り返ることにしましょう。

次は催眠のメカニズムに関する二つの理論を見ながら、催眠がどんなふうに起こるものなのか、イメージを膨らませていきます。

2　催眠のメカニズム

状態論

催眠という不思議な現象は、どのように起こるのでしょうか。その仕組みを説明するための理論は、20世紀以降、さまざまな研究者によって模索されています。

催眠理論は、「催眠という特別な脳の状態があると考えるか、ないと考えるか」で大きく二つの立場に分かれます。前者を状態論、後者を非状態論と呼びますが、このどちらが正しいのかについては、長く議論が続いてきました。

状態論とは、催眠を「変性意識状態」や「トランス」と呼ばれる、特別な脳の状態であると捉える考え方です。

「トランス」という言葉は催眠に限らず、心ここにあらずで何かに没頭したり熱中したりしている場面で使用されます。瞑想中や、音楽を聴いているとき、あるいは長時間の講義を受けたり、夜の高速道路を運転しているときに体験する白昼夢のような心の状態を、一般に「トランス」と呼ぶことがあります。催眠における「トランス」もこうしたものと同じように語られます。状態論では、覚醒状態の人に催眠誘導を行うことによって、脳の状態が変わり（トランスに入り）、催眠状態になると主張します。その催眠状態の被験者に暗示を与えることで、知覚の変性が起こると考えるのです。

ここで問題となるのが、右で挙げたようにトランスが示している現象は幅広く、どこまでが「トランス」の範疇でどこからは覚醒状態なのか、明確な境界線が引きにくいことです。科学的に催眠状態（＝トランス）があるというためには、誰が判断しても覚醒状態と区別できるような特徴を、脳の状態として見つけ出さなければいけません。

ここでの「脳の状態」とはどういうことでしょうか。たとえば睡眠状態は、「安静時に見られるα波や緊張状態に見られるβ波などの脳波が減衰し、代わりにθ波やδ波が出現する」という、脳波の周波数の変化によって覚醒状態と区別することができます。状態論に基づけば、催眠状態は睡眠状態と同じく、神経生理学的にはっきりと区別できるはずということになります。

50年ほど前までは、催眠状態ならではの脳活動があるという考えが広く信じられていました。ところがさまざまな脳研究が進んでも「催眠」を示すような脳の状態を発見することはできませんでした。

非状態論

状態論が広まる一方で、サービンやバーバーといった心理学者たちは、「トランス」というものが果たして存在するのか？　と根底に疑いを持ちます。そうして提唱されたのが、催眠を日常の心理の延長として捉える**非状態論**です。

確かに催眠によって被験者には「主観的な変化」が起こります。しかしこうした変化は、催眠という特別な状況下でなくとも起こり得るものでした。

バーバーは催眠誘導を行ってから暗示を与えた場合と、催眠誘導を行わずに暗示を与えた場合で、被験者の反応が変わるかを実験で調べました。結果、催眠誘導の有無により、被験者が体験できる暗示の種類に大きな変化はないということがわかりました。催眠誘導を行うことで暗示の効果の程度が向上することはあっても、それもごく僅かなものだったのです。

そこから、暗示だけで現象が起こるのであれば「トランス」などの概念をわざわざ使う必要はないのではないか。催眠状態と覚醒状態は、本質的には差などないのではないかという主張が生まれてきました。

こうして、いわゆる「催眠」は行動主義心理学や社会心理学で扱われてきた既存の概念の組み合わせで説明できてしまうという「非状態論」が唱えられます。催眠誘導によって暗示の効果が高まったとしても、それはモチベーションや期待、被験者の役割など、すでに知られている現象の組み合わせで理解できると考えたのです。

たとえばサービンが提唱した「役割理論」では、教室において教師が教壇に立ち教え、生徒がそれを椅子に座って聞くという「社会的役割」を自然と取っているのと同じように、催眠において被験者は「催眠にかかった被験者」という役割を取っているのだとされます。事前に持っている催眠への知識や与えられた言葉から「催眠にかかった被験者とは、このような行動を取るものだ」という自らの役割を受け入れて振る舞っているだけだというのです。こうした説明では、特に催眠ならではの脳活動などを考えなくとも日常の延長で現象を捉えることができます。

状態論と非状態論は、対照的な理論ではありますが、どちらかが正しいという結論が出ているものではありません。昨今の脳神経科学研究が進むことによって、両者の折衷案が模索されているというのが適切な見方でしょう。では実際に現在、どのような研究がなされているかということについては、本章の後半で紹介することにします。

「催眠とはどのようなものか」についてひとまず想像ができたところで、続いては「催眠はどのように生まれたのか」を見ながら、この不思議な現象についての見方を整理していきましょう。

3 催眠の歴史

催眠の歴史を辿る

催眠の歴史を概観することは、催眠現象を理解する上での近道だと考えています。

現在テレビなどで目にする催眠のパフォーマンスや、フィクションの中で取り上げられる催眠のイメージの中には、18〜19世紀頃に行われていた催眠の影響を受けているものが多々あります。この頃の催眠理論は、20世紀に入ってまったく新しい考え方により塗り替えられていきました。こうした歴史を辿ることで、いま私たちが抱いている催眠の見方を、最新にアップデートすることができるのです。その過程でなぜ今のような誤解が生じているのかについても、よくわかるのではないかと思います。

催眠は繰り返し表舞台に現れては、衰退していくというサイクルを辿ってきました。見通しをよくするために、最初にもっとも重要な軸をお伝えしましょう。催眠という不可解な力が、「催眠をかける側（施術者）」に属しているという考えから、「催眠にかかる側（被験者）」の能力であるという考えに変わっていきます。どのようにしてそのパラダイムシフトが起こったのか、歴史を辿って見ていきます。

催眠の「発見」――18世紀後半

催眠のような現象は、紀元前からすでに見られていたと推測されています。

古代エジプトやギリシャの複数の文献において、宗教上の儀式や当時の医療の中で「眠っているかのような状態」の患者に手をかざすことで痛みが弱まったり、カタレプシー（硬直）や忘却などの現象が起こったという記述が見られます。こうした現象は今日の「催眠状態」と極めて近しいものだったと思われます。もっともそうした行為はシャーマンやヒーラーによって行われるのが中心で、受容のされ方は非科学的なものであり、体系化もされていませんでした。

科学史における催眠の「発見」については諸説ありますが、もっとも一般的なのは、1775年、ドイツ人の医師フランツ・アントン・メスメルにより提唱された「動物磁気」

です。

メスメルは、この宇宙に存在するものは、磁気の性質を帯びた流体のような存在とつながっていると考えていました。人体も同じような磁気を備えており、このバランスが崩れることで、病気が起こると考えていました。彼は磁気を帯びた金属を人間にかざすことで治療効果があることを見出し、後に自身の手をかざすだけでも同様の効果があることを発見しました。メスメルは人間の身体に宿る〝磁気のような性質〟を動物磁気と命名し、治療法を研究していきました。この手法は彼の名からとって「メスメリズム」と周囲から呼ばれるようになります。

動物磁気の説明からも明らかな通り、メスメリズムの考え方において催眠は、施術者が備えた能力であると考えられていました。メスメルの手法はそこから、施術者の権威を高めるように向かっていきます。磁性流体を反射するように設計された鏡をあちこちに置いたり、厚いカーテンを用いて暗闇を作ったりと儀式的な状況を整えた上で長いマントを羽織って、演劇的に振る舞うスタイルを確立していきました。

メスメルの唱えた方法は治療効果があることを認められながらも、彼の動物磁気の理論は、医学界の主流には受け入れられませんでした。当時の医学界は、患者の治癒はすべて想像力による効果に過ぎず、動物磁気のようなものは科学理論ではないと批判を行いました。

「麻酔」としての催眠——19世紀前半

フランスで生まれたメスメリズムはそれから50年後、19世紀前半のイギリスで発展を遂げます。

スコットランドの医師のジェイムズ・ブレイドは、医学の傍ら、メスメリズムに興味関心を持ちます。やがてメスメリズムにおける治療効果は磁気によって生まれるのではないと考えるようになり、ギリシャ語で「眠り」を意味するヒプノス（hýpnos）から名前を借りて、「催眠」（hypnosis）という言葉を新しく作りました。これはメスメリズムの持っていたネガティブなイメージを取り除くのに一役買いました。彼の理論の中では、ワインボトルを凝視させることで「眠りのような状態」に導くなど、今現在も使われている手法がすでに見られます。

このブレイドの研究を受けて外科手術に催眠を使用し始めたのが、ブレイドの知人であったジェイムズ・エスデールです。患者の痛みをなくし鎮静化させるツールとして、彼は催眠を使用するようになりました。催眠下での手術は死亡率を劇的に減少させ、他の医師にもその情報は瞬く間に伝わっていきました。

こうして医療の世界で広まるかと思われた催眠ですが、1840年代以降、ジエチルエーテルやクロロホルムなど、薬品を用いた麻酔の技術が確立されていきます。麻酔は催眠と違って誰でも使える上、科学的な理屈も通っていたため、外科手術においては麻酔の使用が主流になっていきました。並行して催眠の存在感は、再び低下していきます。

心理学における催眠――19世紀後半

催眠の歴史を学ぶときに、医学と並んで目を向けておきたいのが心理学の分野です。19世紀後半は心理学にとっても黎明期であり、神経症についての理解が試みられてきた時期でした。この頃登場してくるのが、「現代心理学の父」と呼ばれるジークムント・フロイトです。

オーストリアで医学を学んでいたフロイトは催眠に対して強い興味を示し、ヒステリーの治療の中で、トラウマの記憶を呼び起こすのに使用しようと考えました。

その頃フランスでは、シャルコーやナンシー学派といった面々により、「催眠療法」が研究されていました。彼らはメスメリズムから脱却し、催眠を心理現象として理解しようと試みていました。

フロイトはフランスに渡り、そうした人々から催眠を学ぼうとしたのですが、やがて大きな困難に直面します。催眠の体験のレベルは人によって異なっており、患者によってはまったく催眠状態にならないことが多々あったのです。うまく催眠状態に導けないという失敗が積み重なった彼は、最終的に催眠の使用を断念するに至っています。結果フロイトは催眠を出発点としながらも、催眠を用いることなしに患者の心を理解することができる理論を構築していきました。その先に、有名な「精神分析」の技法も生みだされていきます。

そうして医学のみならず心理学の分野においても、フロイトがより使いやすい理論を発表して一躍人気になるのと裏腹に、催眠は心理学の主流から離れていったのです。

催眠の「誤解」の広まり――20世紀前半

ここで文化的な側面にも目を向けてみましょう。19世紀から20世紀前半にかけて、催眠についての誤解を生むようなフィクションが出版されています。なかでも象徴的なのが、ジョージ・デュ・モーリアの小説『トリルビー』（1894年）です。これは「悪意を持った催眠術師が女性を意のままに操る」様子が描かれたゴシックホラーで、今日まで続く催眠の暗いイメージの土台となっています。この他にも「マインドコントロール」や「前世を見るツール」としての誤った催眠が、フィクションを通して描かれてきました。

同時期の日本でも、催眠の暗いイメージを決定づけた象徴的な出来事があります。世に言う「千里眼事件」です。

催眠は19世紀後半に日本へと伝達されたと言われています。明治期の後半には「こっくりさん」の文脈とも重なり、民間でブームが起こっていました。あまりに濫用されたため、明治41年（1908年）にはみだりに催眠を行う人間を罰するという法令が出されています（警察犯処罰令）。そのような状況で、学問的な研究を推進した人物が福来友吉です。彼が行った「催眠術の心理学的研究」は東京帝国大学から博士号を授与されました。これを皮切りに福来は催眠に関する理論をまとめた『催眠心理学』を1906年に刊行するなど、催眠の学術研究を率いていきました。

ところが福来は催眠を研究する流れの中で、各地で報告されていた「超能力」に興味関心を寄せていきます。「千里眼」を持つ御船千鶴子という女性の透視能力を実験で検証し、超能力は存在するという結論を出したのです。

その後も長尾郁子や高橋貞子といった超能力者といわれた人々の透視や念写能力を学術

的な立場から肯定してきた福来友吉ですが、他の研究者による実験では再現性は確認されず、被験者の自殺などの問題も起こり、世間的な騒動を巻き起こしました。やがて彼は、東京帝国大学を追放され、批判の目にさらされるようになります。同時に福来が追い求めていた催眠もまた、暗いイメージを帯びることとなり、学問の表舞台から影を潜めていくのです。

「被験者」中心の催眠研究の始まり――20世紀後半

世間的な誤解が広まっていく一方で、心理学の世界では再び催眠が表舞台に上がってきます。１９３３年、実験心理学者のハルにより、『催眠と暗示』という催眠に関する実験研究を集めた本が発表されます。このことが契機となり、学術的な催眠研究への興味関心が再燃します。そうして20世紀後半には、心理学や医学の分野において地位を取り戻していきます。

これ以降、近年の催眠研究では、催眠は被験者が備えた能力であると認識されるようになりました。実験における被験者中心主義を端的に表すのが、「催眠感受性」という考え方の登場です。

フロイトが直面したように、催眠のかかりやすさには個人差がありました。このような催眠へのかかりやすさを「催眠感受性」や「被暗示性」と呼びます。米国心理学会の定義によれば、催眠感受性とは「催眠中に暗示された、生理機能、感覚、感情、思考、行動における変性を体験できる、個人の能力」であるとされます。あくまでも「個人の能力」とされているところがポイントです。

この催眠感受性を定量的に測定するための尺度のことを、「催眠感受性尺度（被暗示性尺度）」と呼びます。20世紀後半では催眠感受性尺度を用いた研究が進みました。結果、古典的催眠とは対照的に、施術者側に着目した研究は見られにくくなりました。

さらに時期を同じくして、臨床においても、ミルトン・エリクソンという重要人物が出てきています。精神科医であった彼は、徹底して被験者に着目した新しいアプローチを実践し、大きな治療成果を挙げていったのです。エリクソンが臨床で果たした役割はとても大きいので、本書の最後にページをとって詳しく解説することにします。

1955年の英国医師会、1958年の米国医師会とカナダ医師会を皮切りに、1950年代後半には3つの主要な医師会が催眠の治療使用を支持しました。1949年には臨床催眠・実験催眠学会が結成され、1957年には米国臨床催眠学会が設立。米国心理学会では催眠部門が作られます。

20世紀を通して、催眠とはどのようなものなのかを探る実証的催眠研究と、治療への応用方法を求める臨床催眠研究は、共に発展していきます。そうして催眠は、心理学や医学における立場を確立していったのです。

4 催眠への「かかりやすさ」とは

催眠感受性尺度はどのようなものか

催眠の歴史を辿ることで、「催眠」という現象の主体が、被験者に移ってきたということをおわかりいただけたと思います。ここでは前項でも触れた「催眠感受性」をより深掘りしながら、催眠への「かかりやすさ」について解説をします。

おさらいをしておきましょう。催眠のかかりやすさは、専門用語で「催眠感受性」や「被暗示性」と呼ばれるもので示されます。そしてこれを測定するために用いられるのが、「催眠感受性尺度（被暗示性尺度）」でした。

では具体的にどのように催眠感受性を測定するのでしょうか。

催眠誘導と複数の催眠暗示によって構成された文章を読み上げた（もしくは事前に録音した音声を再生した）後に、質問紙を用いて被験者自身にどの種類の暗示に反応したかを答えてもらう方法が一般的です。被験者によってどの暗示に反応するかはさまざまであり、体の一部を動かせなくなる人もいれば、存在するはずのボールが見えなくなる人もいます。

現在の科学的な催眠研究は、この「催眠感受性尺度」の登場によって土台が形作られました。

催眠感受性尺度は、誰が暗示文を読んでも同様のスコアになることを前提としており、施術者の能力の差などは仮定していません。同じ被験者なのに実験者が異なると違う結果が出るというのでは、再現性がなくなり、サイエンスとして催眠を扱うことができなくなってしまいます。だからこそ、「誰がどこで実施したとしても、同じ被験者に対しては同じようなスコアが出る」という前提が重要になってくるのです。

暗示による反応率の違い

催眠感受性尺度の研究からは、一つ面白い事実がわかります。それは暗示の種類によって、体験できる被験者の割合が大きく異なるということです。

以前私が、催眠感受性尺度の一つであるウォータールー・スタンフォード集団催眠感受性尺度C型（WSGC）を用いて測定したときの記録を参考に掲載します。大学生・社会人60名が実験に参加したときのものです（男性＝28人、女性＝32人、平均年齢＝21・6歳）。

暗示の種類	反応率(%)
手の降下	78.3
手の接近	58.3
蚊の幻覚	48.3
味の幻覚	26.7
腕の硬直	46.7
夢を見る	25.0
腕の不動	50.0
年齢退行	35.0
音の幻覚	10.0
陰性幻覚	10.0
後催眠：絵	28.3
後催眠：健忘	13.3

暗示の種類によって、大きなばらつきがあるのが見て取れるでしょう。身体の動きに関係するような暗示は比較的反応率が高く、知覚の変化を伴うような暗示は反応率が低い傾向にあります。

たとえば「陰性幻覚」とは「何かが見えなくなる」タイプの幻覚のことです。ここではボールを3つ並べて見せるのですが、「目の前にボールが2つしかない」という暗示を事前に与えることで、2つしか見えなくなるという現象が起こります。この実験結果からは、10人に1人がそのような幻覚を体験するということがわかるのです。

後催眠《こうさいみん》と呼ばれる、催眠を解いた後に作動する暗示もここでは行っています。「催眠から覚醒した後に、なぜだか質問紙に『木の絵』を描いてしまう」という暗示や、「催眠中に体験したことを思い出せなくなる」という暗示にも、それぞれ一定の割合で被験者が反応していることがわかります。

催眠を統計的に理解する

こうした実験は、日常における現象を理解する上でも、興味深い知見を与えてくれます。「暗示の効果で、どう見てもそこにあるものが実際に見えなくなる」人が10分の1の割合でいると思うと、とても信じられないような見落としによって事件が起こることも、決して不思議なことではないと感じられます。

このような「暗示に対し何割程度の人が反応するか」という視点は催眠を実践する上でも有用です。どういった種類の暗示が一般的に体験しやすく、あるいは逆に体験しにくいのかを知っておけば、自らの催眠の成功率を正しく分析することができます。

本書の中では、催眠は基本的に「被験者側」の能力という前提に立って解説を行っていきます。

ではこの尺度を踏まえた上で、どのような研究がなされてきたのか。最新の研究の様子を覗《のぞ》いてみましょう。

5 催眠研究の現在

催眠研究の二つの方向性

認知科学分野における催眠の研究は大きく二つの領域に分けることができます。

催眠そのものについての研究、あるいは催眠を道具として用いた研究です。

催眠そのもののメカニズムや神経基盤にまつわる研究は、脳の計測技術の進歩と共に発展してきました。催眠で数字と色の共感覚が引き起こせる、暗示による色彩変化が色彩知覚神経と関連しているなど、さまざまな研究を通して催眠という現象が脳とどのように関係しているのかが調べられてきました。

「状態論」の説明の中でも記したように、催眠という「特別な状態」があることを客観的に示すのは、意外にも困難な挑戦です。その一つの理由に、「催眠でなければ起きない現象」を見つけ出す難しさが挙げられます。

たとえば「椅子から立てなくなる」という催眠を行ったときに、被験者は主観的に立てなくなったと感じていたとしても、外から見たときにはただ「立たない」被験者がいるだけです。本当に立てないのか、それとも立てないフリをしているだけなのか、客観的には区別することはできません。催眠の実証のためには「普段はできないのに、催眠状態においてのみできる」ことの発見が必要でした。

それが観測されたのが２００２年に精神医学・認知神経科学の研究者であるラズらによって行われた「ストループ効果の抑制」実験です。

催眠の神経基盤を探る

ストループ効果とは、二つの情報が同時に提示されたときに、お互いに干渉しあって反応に時間がかかるような現象のことを言います。よく用いられるのが、インクと文字の例です。

赤いインクで書かれた『青』という文字を見せて、インクの色（この場合は赤）を答えさせると、青いインクで書かれた『青』という文字のインクの色（この場合は青）を答えさせる場合よりも反応に時間がかかります。インターネットで「ストループ効果」と検索すると、いろいろな画像が出てきますので、ぜひ自分でも試してみてください。

このストループ効果は強力かつ安定して起こる現象で、簡単になくすことはできないということがそれまでの研究でわかっていました。ところがラズらの研究グループは、「文字が意味のない記号に見える」という暗示を被験者に与えることでストループ効果が起こらなくなることを実験で示したのです。

さらにこの研究を踏まえて、エグナーらが催眠暗示下でストループ課題を行った際の脳活動をfMRI（機能的核磁気共鳴画像法）や脳波といったツールで調べることで、催眠の有無により前帯状皮質《ぜんたいじょうひしつ》という脳部位の活動が異なることを明らかにしました。

催眠時のみにしか見られない現象が、行動と脳状態の双方で観測されたことは、催眠研究において重要な一歩となったのです。

以来、催眠に関わる神経機構はさまざまな研究者によって調査されています。たとえばディエネスらは、背外側前頭前野《はいがいそくぜんとうぜんや》という高次脳機能を司り自己のモニタリングとも関連が深い脳部位に注目しました。実験で背外側前頭前野を刺激し混乱させたところ、被験者たちは催眠に反応しやすくなったのです。またマッゲオンらは、デフォルトモードネットワークと呼ばれる思考タスクを行っていない安静時に見られる広域的な神経活動が、被暗示性の高い被験者に催眠を行ったときに低下することを発見しました。

そのように書くと、状態論者が求め続けていた「催眠現象全般に共通するような脳神経活動」が解明されたかのように感じられるかもしれませんが、残念ながらそうではありません。

たとえば前帯状皮質は、認知的葛藤課題に関連する脳部位であり、ストループ効果のような「葛藤する刺激」を処理しないといけないときに活動が大きくなります。ラズらの実験においてこの活動が抑制されたのは、単に催眠で文字の意味がわからなくなることによって、認知的葛藤が起きなくなったからだと考えられます。すると前帯状皮質は「催眠そのものを機能付ける脳部位」というよりは、「特定の催眠の結果として活動に変化が見られた脳部位」と解釈するほうが自然でしょう。その他の脳部位も、催眠に関連があることは確かですが、催眠を司っているとまでは言えません。

催眠現象そのものを説明できるような神経基盤は、いまだに発見されていませんが、催眠と脳活動の関係は近年の研究の中で数多く確認されてきています。催眠の正体は、催眠を行っているだけでは決して見えてきません。認知神経科学の議論を通して初めて真理に迫ることができます。今なおこの瞬間も、探索は続いているのです。

催眠をツールとして用いた研究

催眠がどのような仕組みで起こるのかがはっきりしていなくとも、催眠という現象があることは確かであり、それは治療の場面において多く用いられてきました。パニック障害や不安障害、ＰＴＳＤなどの精神疾患の治療や、薬品を用いない「痛み」のコントロールなど、応用領域は幅広く存在しています。

医療への面白い応用では、催眠を用いて擬似的に疾患をシミュレートするという研究も行われつつあります。たとえば大脳半球に障害を受けて「障害を受けた反対側」の刺激が認識できなくなってしまうという不思議な現象（半側空間無視と呼ばれる）を催眠で一時的に引き起こしたり、統合失調症などで観察される運動の制御・知覚不能感を「腕が自分の意思と関係なく動く」という催眠で再現するなどの試みが実際に為されています。ある疾患に特有の現象を催眠で引き起こし、その状態の認知の仕組みや脳活動を調べることで、疾患のメカニズムを解明しようとする研究が行われているのです。

臨床を離れた応用例では、催眠で学習パフォーマンスを向上させたり、アスリートの能力を高められるか、というような研究も見られます。催眠は、ある物事に集中した状態やリラックスした状態を維持するのに有効であり、ゴルフやバスケットボールのスリーポイントシュートなどでプレイヤーの成績を上げ、自信を高めることができたと報告されています。催眠下においてある種の記憶力を向上させられたという、教育分野での応用可能性を感じられる成果も発見されています。

催眠の応用例は幅広く、これからも分野を横断して、研究のツールとして用いられていくことでしょう。

第2章　【準備編②】催眠を行う前に

催眠の成否は、催眠を行う「前」にかかっていると言っても過言ではありません。「被験者に催眠を体験してみようというポジティブな気持ちを持ってもらう」ことが、準備における最大の目的です。第2章では、これを達成するための振る舞い方や知識を身につけることを目指します。

そのベースとなる概念として、「ラポール」と「威光暗示」について、解説を行います。この二つの概念を頭に入れておくことは、催眠を行う上では必須です。

あわせて、どのような人が催眠現象を体験しやすいのか、催眠のスクリプト（セリフ）をどのように理解すればよいのかなど、催眠を行う前に最低限知っておきたい知識についても解説をしました。

少し長い準備ですが、安全に催眠を行うために必要なことがまとまっているので、実践の前には必ず目を通してください。読み進めるうちに、催眠についてのイメージが形作られていくことを期待しています。

1　催眠をどのように習得するのか

催眠を一人で習得するには

催眠を独習しようと考えたときに、最初にぶつかるのが「練習の仕方がわからない」というハードルです。

催眠において習得しなければならないことは、大きく以下のような要素に分解できます。

- ●催眠を行う上でのラポール（信頼関係）を形成する「振る舞い」
- ●スムーズに催眠のスクリプトを伝える「話し方」
- ●被験者に応じて暗示を与えるタイミングや、反応しやすい暗示を判断する「観察力」
- ●催眠がうまくいかなかったり、予想外のことが起こったりしたときに対処する「対応力」

ここで挙げた要素は、すべて、コミュニケーションの技術と言ってよいでしょう。催眠は、常に一人の人間と向き合って行います。一人ひとり催眠への反応の仕方が違うので、

「場数をこなす」以上のよい上達方法はありません。ところが催眠を仕事にしている人でもない限り、そのような機会はないものです。だからこそこれまで、催眠の技術は一部の専門家に限られていたとも言えます。

このように聞くと、催眠の習得は、とても独学では不可能ではないかと思われるかもしれません。そこで思い出していただきたいのが、前の章で解説した「催眠感受性尺度」です。この尺度では、一連の催眠誘導と、それに連なる複数の催眠暗示によって構成された、ある決まったスクリプトが用いられるのでした。

実験の担当者がその場でスクリプトを読み上げることもありますし、事前に収録した音声を流して行うこともあります。しかも「催眠感受性尺度」の中には、同時に多数の被験者に対して実施できるように作られたものもあります。

「事前に録音した音声を流す」「複数人を対象として行う」ということからわかる通り、このテストにおいては、催眠を構成する要素のうち観察力や対応力などが一切含まれていません。被験者の状態をフィードバックとして用いることなく、毎回同じスクリプトを同じトーンやペースで伝えることでも、被験者を催眠状態に導くことができるのです。

「観察」なしで催眠はできるのか

催眠の技術から観察力や対応力を引いた場合どうなるのかということの説明に、私が過去に行った実験を紹介します。

実験では、被験者と施術者がそれぞれ別な部屋に分かれて座ります。二人の前にはテレビモニターが置かれており、お互いの様子をビデオカメラで撮っています。

この状態で施術者は、事前に定められた暗示をリモートで伝えていきます。

ここで、被験者は二つの条件に分かれます。

「施術者側のモニターに被験者の状態が映っている」観察条件と、「施術者側のモニターだけ切って、被験者の状態（映像・音声）が一切映らなくする」非観察条件です。

いずれにせよ被験者は、「自分のことを施術者がモニターで観察しながら催眠をかけている」と思いながら、この実験に参加します。

観察条件では、施術者は被験者の状態を見ながら、スクリプトを読み上げるペースやトーンをフレキシブルに変化させることができます。ところが非観察条件では、被験者の状態が一切見えないので、暗示を伝えるときに、その暗示にどの程度反応しているのか何もわからず、ただ一方的にスクリプトを読み上げ続けることしかできません。

両者の実験結果に、どのような違いがあったのか。

感情にまつわる暗示（「笑いが止まらなくなる」など）に関しては「観察条件」のほうが有意に反応率が高くなりました。ところが基本的な運動・禁止暗示では条件間で大きな差が見られなかったのです。

ここからもわかるとおり、場の雰囲気のセッティングと、正しいスクリプトさえ揃えば、簡単な暗示に関して、被験者の観察をせずとも催眠を行うことは可能なのです。

もちろん、だからといって、観察力や対応力を身につけなくていいというわけではありません。そもそも大学での実験という「信頼のおける」環境だったからこそ、施術者が目の前にいなくとも安心ができたという点には留意が必要です。それに記憶にまつわる暗示や、幻覚を含むような高度な暗示を習得しようとする場合、正しい見極めや判断ができなければ、催眠現象を引き起こせないでしょうし、時には危険なこともあります。ですがそういった技術は、催眠を行う経験を積み重ねることでしか習得できないのも事実です。

そこで本書では、「目を瞑《つぶ》っていても正しくスクリプトを伝えられれば催眠現象が起こせる」ということを理解し、一人で習得できる範囲の技術で催眠を行えるようになることを目指します。

その前提の上で、最低限必要な施術者の役割について、この章を通じて見ていくことにしましょう。

施術者の役割

催眠は「催眠を体験する人」の備えた能力であることは、今では誰もが合意する事実です。では施術者（催眠術師）はまったく関係ないのかというと、実践においてはそれもまた極端すぎる解釈です。

施術者は、催眠においてどのような役割を果たすのか。わかりやすさのため、催眠を登山のガイド（道案内人）に喩《たと》えながら解説しましょう。

登山では、目指す頂上は遥か高く、どうすれば辿り着くことができるのか素人の登山者にはわかりません。山によっては登り方は複数あり、最適なルートは人によって異なります。

そこでガイドは、登山者のことをよく観察します。「この人はなだらかな道のほうがよさそうだ」「この人は多少急な傾斜でも短時間で登れる道のほうがいいだろう」「このペースだと後でバテるから今は休憩をとろう」……。そうして、「こうすれば山を登れる」という方法を、そっと先導して教えていきます。道を歩くのは最初から最後まで登山者本人の足だとしても、ガイドがいなければ辿り着けない頂上はあるのです。催眠においては、この目指すべき頂上が「感覚や感情などの変性」であり、ガイドが道案内をする手段が「催眠誘導・暗示」です。

催眠では「手が固まる」「水が甘くなる」といった、日常では体験できないようなさまざまな現象が起こります。もちろん大半の人は、いきなり「手が固まる」と言われてもその感覚が想像できません。そこで施術者は、言葉を駆使して、その状態へと被験者を導いていきます。すなわち催眠における施術者の役割とは、人それぞれにチューニングしたルートや目標を提示して、被験者が本来備えている「暗示による変性を体感する能力」を引き出すことなのです。

被験者にとっての催眠は決して安易な道のりではなく、少しでも心理的な抵抗があれば案内人に身を委ねる気にならないでしょう。事故が起きない方法や、万が一起こってしまったときの対処も知っておかないといけません。

催眠の楽しさ、面白さを実感していただくために、まずはツールを揃えて盤石の態勢を整える。そのような心構えで、催眠を行う前の準備を始めていきます。

2 ラポールの形成

ラポールとは何か

催眠では、**「ラポール」**という言葉をよく用います。

ラポールはセラピスト（治療者）とクライアント（患者）の「信頼関係」を意味する、広く臨床心理学で使われる用語です。催眠の文脈でラポールという言葉が出てきた場合は、施術者と被験者の良好な関係のことを示しています。

催眠を行う上では、最初にラポールの形成を行う必要があり、催眠の効果を高める上でも欠かすことができないものです。

ここで、催眠において「ラポールを形成する」という言葉が使われるときに、二通りの意味を含んでいることに注意しておきましょう。

一つは、元の定義通り、「施術者と被験者の信頼関係」です。この施術者の行う催眠であれば、安心して体験できるという信頼感を持ってもらうことがこれに当たります。

もう一つは、「催眠そのものへの信頼」です。ここまでに述べたとおり、催眠についての一般的なイメージの多くは誤りです。人によっては、そもそも催眠という現象が存在すること自体を疑っていることもあります。そうした誤解を解き、「催眠という現象が存在しており、いろいろな不思議な感覚を体験できる」ということを信じてもらうこともまた重要です。

それではどのようにしてラポールを形成すればよいのでしょうか。

基本的には状況依存ですし、向き合う被験者との関係性によっても変わってくるので、すべてを一般化することはできません。ですが、原則として共通する考え方もあります。「危害を加えることはない」という意思の表明などは、いかなる場合でも意識しておきたいものです。ここではいくつかのポイントを挙げておきます。

ラポール形成のポイント

●目を見て話す

相手に語りかけるときに、目を見て話すように心がけます。ただし、見つめすぎると逆に相手に緊張感や気まずさを与えることもあります。これを利用して催眠を深める方法もありますが、ここではひとまず、心地悪くならない程度に目を見ることを意識するようにしてください。

●被験者には極力触れない

他人から身体を触られるのは、抵抗感があるものです。技法上、必要があって触れる場合を除いて、極力被験者には触れないように意識をしてください。また、相手の身体に触れる場合には、事前に「今から手を触ります」などと予告をし許可をとることが有効です。

●催眠についての誤解を解く

事前に、「催眠とは何か」について被験者の理解を確かめつつ、イメージと相違がある部分を丁寧に正していくことが大切です。多くの人にとって催眠は、「自由が奪われる」「言いなりになってしまう」など、ネガティブな印象が強いものです。こうした誤解を解くために、いきなり高度な現象を行うのではなく、まずは催眠そのものの説明や、第3章で解説するような軽いテストを試みるのがよいでしょう。

ここで挙げた以外にも、いろいろなポイントはあるのですが、ラポールの形成はテクニックというよりは態度や考え方と捉えたほうがしっくりきます。催眠を行う前には必ずラポールを形成する、という心構えを持つようにしてください。

3　威光暗示

「威光」が暗示の効果を高める

催眠を成立させるための最も大きな柱はラポールですが、もう一つの柱についても説明しておきましょう。それは**「威光暗示」**と呼ばれるものです。

威光暗示とは、世間一般の見解や肩書、外見といった威光が人・モノに付与されることで、それに追従しやすくなってしまうという現象のことを指します。威光という言葉がわかりにくければ、「すごそうなオーラ」と理解すれば概ね間違っていないでしょう。

催眠術師を想像したときに、怪しげな格好をしていたり、奇抜な髪型をしていたりといったイメージを持つ方は少なくありません。事実、そのような催眠術師が、とりわけエンターテインメントの領域においては多いのも確かです。

ではなぜ、催眠術師がそのような格好をするのか。「普通ではない力を持っていそう」

で「オーラがあるように見える」振る舞いは、実際に威光暗示の効果を高め、被験者の催眠現象を起こりやすくするからです。

催眠の初期（18～19世紀）の歴史を辿ると、権威主義的なアプローチが多く見られます。思い返せば催眠の父・メスメルも、長いマントをまとって威圧的に振る舞っていたのでした。彼らは経験則として威光暗示のコンセプトに辿り着いていたのでしょう。この頃には催眠は「施術者の能力」とみなされていたということを前に解説しましたが、そのような考えが広まったのも、威光暗示が有用だったからに他なりません。

「専門性」という威光

威光は、何も高圧的な態度や、奇抜な見た目によってのみ生まれるものではありません。「専門的なバックグラウンド」も威光になり得ます。

施術者が「催眠を趣味でやっています」と名乗った場合と、「催眠を大学で研究しています」と名乗った場合とで、被験者の催眠への入りやすさが変わってしまうということが起こります。先に紹介した実験の中で「被験者を観察せず」とも催眠が行えていたのは、この効果も背景にあると言えるでしょう。

このように考えると、ラポール形成が「人への信頼」を導く技法なのに対し、威光暗示は「コンテキストへの信頼」を導く技法と言えます。より身近な言葉で言い換えれば、相手にとっての第一印象をデザインする方法と捉えるとわかりやすいかもしれません。「この〝人〟のことはよく知らないが、〝大学で研究をしている〟のなら信頼できるだろう」という意識に導くことで、それ以降のコミュニケーションのハードルを下げることができるのです。

威光暗示を活用する

この威光暗示は、とりわけ集団催眠のような「一対多」の状況においては重要となります。一人ひとりと密にラポールを形成することが困難になるからです。

初学者にとっては、威光暗示を活用するのは困難に見えるでしょう。ですが、ここから得られる大きな教訓があります。

それは、催眠を行う上では常に「自信を持っているかのように振る舞う」のがよいということです。自信には経験が伴うべきですが、鶏と卵のような関係で、まず「自信を持っている」かのように振る舞うことで、成功体験を積み重ねやすくなります。

そうは言っても自分を偽れないという場合は、「これは科学的に誰でも起こることなんです」と前置きをし、場合によっては原理まで説明した上で、催眠を行ってみてください。科学という「専門性の権威」を借りる方法ですが、ここで第1章で紹介してきた知識が役立ちます。催眠に関する正しい知識を持ち、語れるようにすることは、実践上でも意味があるのです。

4 安全性の担保

「予防」——催眠を始める前に

催眠を行う上では、あらゆる意味で、被験者の安全性をケアしなければいけません。安全性について十全に気をつけるという態度は、ラポールの形成にもよい作用をもたらします。本書で紹介するような臨床目的ではない催眠であっても、リスクをゼロにはできない以上、安全性についてはいくら気にしても気にしすぎることはないでしょう。大切なのは「予防」と「対処」を覚えておくことです。

第一に「予防」について解説します。催眠を行う際の準備で、何に気をつけるべきか。

これには物理的な側面と心理的な側面があります。

物理面においては「被験者が極端に催眠に入りやすい人だったらどうだろうか」という考え方で見渡すのが有効です。深い催眠状態に入っている場合、被験者は目の前のタスクや自身の感覚にすべての注意を向けており、通常であれば気づくような周辺環境の危険に意識が向かなくなります。

たとえば、被験者に椅子に座ってもらって催眠をかけた場合を考えます。急に全身から脱力をしたときに、被験者に害を及ぼすものはないだろうか。危険性があるもの（筆記具、ナイフ、飲食店のキャンドルライトなど）は身の回りにないか。被験者の目線でチェックをします。

催眠の最中には被験者に目を瞑ってもらうこともありますので、身体を大きく動かして届く範囲の危険物はすべて取り除いておく、ということは徹底しておいてください。

続いて心理面の準備ですが、ラポールの形成でも触れた「誤解を解く」ことが最重要です。その中でも、必ず伝えておきたいのは2点。「1．本人が嫌な暗示は絶対にかからない」「2．どんな暗示も絶対に解ける」ということを強調しておきます。

催眠は被験者の思い込みをそのまま反映して現象が実現します。「解けないかもしれない」という思い込みを事前に持っていると、本当に催眠が解けなくなるようなこともありえるのです。

実際のところ催眠には被験者の意識の集中が要求されますので、それが途切れたら勝手に解けるのですが、そのようなことも含めて事前に伝えておくことが事故を防ぐ上でも被験者の不安を減らす上でも重要です。右の2点については、やや過剰なくらいに強く、自信を持って断言してください（「威光暗示」を思い出してください）。

「対処」――催眠中のトラブルを解決する

これは第二の「対処」、すなわち催眠を行っている最中のトラブル解決にも大きく関わってきます。催眠を行っている最中のトラブルとして考えられるのは、大きく「解けない」「予定外の現象が起こった」の二つでしょう。

丁寧な準備を行ったとしても、「解けない」被験者は出てきます。その場合も慌てず、余裕を持った態度で、「一度手を叩いたら解けます！」とはっきり伝えます。数字をゆっくり数える（「10から1まで数字を数えると解けます」）などもよいでしょう。いずれにせよ重要なのは、解けるという言葉を与える瞬間は、強めに自信を持って伝えるということです。

「予定外の現象が起こる」場合についても、基本は同様で、落ち着いて歯切れのよい言葉で明確な解除を行います。解除後の被験者の様子によっては、「息を吸って吐くと、だんだん落ち着いてきます」など、安静をうながす暗示を与えることも覚えておいてください。

自分の体験を一つ、お話しします。実験で年齢退行の催眠を行っていたときのことです。「あなたは小学校二年生のクラスの教室にいます」と伝えた途端、被験者が震えだし過呼吸気味になりました。その時はすかさず解いたのですが、あとから聞いたところ、被験者は小学校二年生のときにいじめに遭っており、その時の恐怖が蘇ってきたとのことでした。

このときに使用したスクリプトは、広く催眠実験に用いられる催眠感受性尺度そのままのものでした。それでも予期できないトラブルは起こるものです。本書中では、数ある催眠の中でも大きなトラブルが起きにくい暗示ばかりを集めていますが、何事も絶対はありません。慣れないうちは、予定外のことが起きたら、基本的にすぐに解くということを徹底してください。

少し不安を煽ったかもしれませんが、催眠を習得するためには正しい知識を持って、恐れすぎずに向き合うことが大切です。催眠の解き方については、実践に入る直前にも再度ポイントをお伝えしますのでご安心ください。

最後に、この本で紹介するものは、すべて「デモンストレーションとしての催眠」です。何らかの治療を目的とした催眠は、別に習得すべき知識と倫理があります。治療目的の催眠に関心がある方は、必ず専門家にあたるか、もしくは専門書を参照していただければ幸いです。

5　催眠のスクリプト

催眠のスクリプトの構造

第3章以降では、催眠のスクリプトを詳しく解説していきます。読んでいただくと、催眠のスクリプトには共通するさまざまな特徴があることに気づくと思います。最初のうちはそのまま丸暗記をして唱えるだけでも構いません。ですが、自分でスクリプトを作ったり、臨機応変に対応したりするためには、スクリプトの裏側にあるロジックを理解していくことが大切です。

まずは催眠のスクリプトの構造について説明します。具体的なスクリプトとセットで読んだほうが理解しやすい部分もあるので、実践編と並行して読んでいただくのもよいでしょう。

本書で解説する技法は、ほぼすべて、

①知覚や感覚の変化に関する期待を持ってもらう
②想像をしてもらうと、その期待が実現する
③実現した現象を体感していると、より強化される

という流れになっています。ここで催眠の定義を思い出しましょう。

「知覚や感覚、感情に関して、何か変化が起こるという期待があったときに、実際にその変化が実現する現象」

右の流れは、この定義に則った構造となっています。

一つだけ追加のポイントがあるのは、③の強化に関する部分です。催眠現象は、ただ起こしただけだと、すぐに解けてしまうことがあります。それを避けるために、「現象を体感すればするほど、その現象が強まる」という暗示を与えて、ポジティブフィードバック

ループを作ります。これは**追い込み暗示**と呼ばれることもあります。

実のところ、次の第3章で紹介する技法の中には、ここで挙げた構文をとらずとも現象が起こるようなものも多く含まれています。にもかかわらず、こうした順番を意識するのは、催眠ならではのスクリプトの構造に慣れてもらうためです。

では、このような構造を守りさえすればよいのかというと、それだけではありません。催眠の文章には独特の「語り方」があります。

催眠のスクリプトを理解する

催眠のスクリプトの伝え方に、正解はあるのでしょうか。

結論から言えば、これは人それぞれのスタイルで構いません。ただし、一つだけ原則があります。それは「被験者がどのようにそのスクリプトを聞くのか、常に意識しながら伝える」ということです。

催眠を行う際のスクリプトは、テキストで読むと、一方的に被験者に語りかけているように見えます。ですが、ここでは常に「被験者とのインタラクション（相互作用）」が生じています。

たとえば、次のようなスクリプトがあったとします。
「楽に腰掛けてください。あなたの足は床についています。あなたの背中は背もたれについています。あなたは身体を重く感じるかもしれません」
これを読む時には、以下のように理解してください。（　）内は被験者の心の声です。

施術者「楽に腰掛けてください」
被験者「(わかりました)」
施術者「あなたの足は床についています」
被験者「(はい)」
施術者「あなたの背中は背もたれについています」
被験者「(はい)」
施術者「あなたは身体を重く感じるかもしれません」
被験者「(そうかもしれません)」

こうした「無言の会話」がなされている、と理解することで、催眠のスクリプトは格段に読み解きやすくなります。より踏み込んだ解説は実践を行った後のほうが理解しやすいので第6章で行いますが、ここでは催眠をコミュニケーションとして捉えるという大原則を押さえておきましょう。

催眠に適した口調とは

テレビなどで見る「催眠術」は、奇妙な喋り方をしていることが多いです。低い声で、やたらと音を引いたり抑揚をつけたり、一体どうしてあんな喋り方をしているんだろうと思われるかもしれません。

実のところ、そこまで極端に強調する必要はないのですが、口調もまた大切な要素です。催眠のスクリプトをどのような口調で伝えればよいのかについては、「無言の会話」を成立させることを念頭におけば自然と答えは出てきます。

被験者がきちんと理解できるスピードや語彙《ごい》で伝え、相手の反応を読みとりながらスクリプトを伝えていく。そのためには、基本的にはゆっくり、伝わりやすい声のトーンで、メリハリをはっきりつけて話すのがよいということになります。声の出し方は、大勢に対してではなく、目の前の人に向けて語りかけるようなものになるでしょう。

さらに応用していくと、口調によって、そこに「意味」を付与することもできるようになります。「手を開こうとしても開かない」という暗示で焦りを誘発したいのであれば、少し早口で畳み掛けるように伝える。「楽しくなる」という暗示で感情を動かしたいのであれば、施術者自身が楽しそうに話す。内容と同じくらい、口調によっても感情や感覚を伝えることができるのです。

このようなことを催眠のスクリプトを読み上げながら意識するだけで、上達は早まります。自分のスクリプトが被験者にとってはどう聞こえ、どう解釈されるのか、考えるようにしてみましょう。

6　催眠の解き方

まず初めに「解き方」を

自動車を運転する人がまず覚えなければいけないのは、アクセルの踏み方ではなく、ブレーキのかけ方です。催眠を行う上で、「解き方」は後回しにされがちですが、知識としては先に覚えておきましょう。

具体的な方法を解説する前に、催眠を「解く」とはどういうことなのかについて考えてみます。ここには二通りの意味が含まれています。

一つは、目の前で起こっている具体的な現象（手が固まるなど）を解く、ということ。もう一つは、覚醒状態と区別される、トランスのような状態から解く、ということです。前者を「暗示を解く」、後者を「催眠を解く（覚醒させる）」と表現することにします。

具体的なシチュエーションを考えてみましょう。催眠を行うときには、いくつかの暗示を組み合わせて、続けて試していくのが一般的です（腕の浮上→手が固まる→椅子から立てなくなる、など）。この場合、個別の暗示を終えるたびに「暗示を解き」、一通りの流れが終わったときに「催眠を解く」ということになります。

「暗示の解き方」には、いろいろな方法があります。「3つ数えると解けます」と伝えて数字を数える、「手を叩くと解けます」と伝えて手を叩き音を出す、あるいはそれらの組み合わせなどがよく見られます。実際に行う上で気をつけておきたいのは、「暗示が解ける」とはっきりと力強く断定することです。そのためには、「だんだんと解けていきます」という、いつ解けるのかわからない解き方よりも、今挙げた例のように、解けるタイミングを誰が聞いてもわかるような解き方であることがよいでしょう。

問題となってくるのは、「催眠を解く」ことのほうです。「催眠を解く」とは、少し考えてみると、不思議な言葉です。状態論と非状態論の説明を思い出してください。「トランス」のような催眠状態があるかどうかについては、議論が分かれています。もし「トランス」などの状態がないのだとすれば、「催眠を解く」とは何を意味しているのか。

実際に、被験者に催眠誘導を行い暗示を体験してもらった場合と、その後「催眠の解除」を行って覚醒させた直後に再び同じ暗示を与えた場合で、それぞれの暗示への反応はまったく変わることがありません。

では「催眠を解く」ことは意味がないのでしょうか。結論から言えば、「催眠を解く」とは、「催眠が解けたと思い込む」暗示を与える行為と解釈できます。

トランスという状態の実在の有無にかかわらず、この行為は大変重要です。催眠は被験者の期待によって実現する現象です。「もしかしたらまだ催眠から解けてないかもしれない」という不安は、気持ち悪さやパニックなど、予期せぬトラブルにつながるリスクもあります。「催眠を解く」行為は、「催眠がすっかり解けて、もう元どおりになっている」という信念を抱かせるために必要なのです。

催眠の丁寧な解き方（覚醒法）

そこで丁寧な解き方を解説しておきましょう。これは「**覚醒法**」とも呼ばれます。

①被験者に目を閉じて楽な姿勢でリラックスしてもらいます。

②「これから、1から10まで数字を数えていきます。数えていくにつれて、だんだんと催眠が解けて、元の状態に戻っていきます」と伝えます。

③数字を数えながら呼吸をうながし、催眠が解けるという暗示を与えていきます。「1、2、3……息を吸うとだんだんと催眠が解けていきます……4、5、6……息を吸うたびに身体中に力が戻ってきます。疲れの取れた気持ちのよい状態で目を覚ますことができます……7、8、9、10。目を開けてください。すっかり元どおりです！」

④被験者の様子を見て、まだぼんやりしているようであれば「ぼーっとした感じがあってもすぐに消えてしまいます。すっかり目が覚めます！」など、追加で暗示を与えます。

被験者に一連の催眠技法を行った場合は、必ず最後に、この覚醒法を用いて「催眠が解けた」という暗示を与えることを意識してください。被験者にとってポジティブな言葉をちりばめながら、力強く「すっかり元どおり」と断言することで、被験者の中に残っている不安を追い払います。

7 催眠を行う上での心構え

催眠を習得していくステップ

次の章からは、催眠の技術について解説を行っていきます。

催眠は「知識」と「実践」の間に大きな隔たりがあり、催眠について学んだことはあっても、実際に試したことはないという人を多く見てきました。理由を聞くと「とても本当にできるとは思えない」「失敗が続いて嫌になった」などの答えが返ってきます。

催眠を適切に行うには、正しい見極めができるようになるだけの経験が必要です。催眠を習得しようとして挫折する人の多くは、経験を積み重ねる前に、失敗体験だけが重なって、自然と遠ざかっていくように見受けられます。

多くの学習にも通じることですが、催眠を習得するための最大の近道は、成功体験を積み重ねることに他なりません。そこで本書では、本格的な催眠暗示を身につける前に、「ほぼ確実に現象が起こる」技法を習得することで、催眠を自然と行えるようにするという方法を提案します。

催眠の「3つのカテゴリ」

催眠暗示は大きく「運動暗示」「禁止暗示」「感覚・記憶暗示」と3つに分けることができます。次章からの実践編はこれらカテゴリ別に代表的な暗示を取り上げて、その手法を紹介していきます。

暗示の種類が異なれば、体験できる人の割合もまた異なっています。スクリプトやタイミングを間違えずに伝えたときの反応率は、概ね以下のように分かれます。

運動暗示：70％〜90％程度の被験者が反応
禁止暗示：30％〜50％程度の被験者が反応
感覚・記憶暗示：10％〜30％程度の被験者が反応

運動暗示の反応率の高さに注目してください。もともと反応しやすい暗示なのですが、本書の解説では身体のメカニズムを利用したトリックを暗示と組み合わせることで、「ほぼ確実に現象が起こる」ように作られています。はじめの内はこの「運動暗示」を通して、催眠の文構造に慣れていただければと思います。

続く禁止暗示や、感覚・記憶暗示は、体験できる人の割合が減っていきます。もし上手くいかなかったとしても、まずはこの割合のことを思い出してください。「味覚が変化する」などの暗示は、しっかり整った場で経験者が行ったとしても、半分以上の割合で上手くいかないものです。催眠を試して失敗すると、自分のやり方が悪かったのか自問したくなると思いますが、現象の反応率と照らし合わせて判断をしてみてください。

もちろん、成功しないことには感覚も摑みにくいのもまた事実です。まず成功体験を覚えたいという場合は、一度に複数人の被験者に催眠を行うことも有用です。被験者が一人でも大変なのに複数人を相手になんて、と思うかもしれませんが、実は複数人を対象にしたほうがよいこともあります。たとえば反応率が30%の暗示であれば、「3～4人の被験者に試せば1人は反応するだろう」と考えられるからです。人数が多いと一人ひとりの見極めが大変になるという難点がありますが、スクリプトを覚える段階かつリスクの少ない簡単な暗示であれば、見極めは最低限にすると割り切って複数人対象の催眠を行ってみることをお勧めします。

催眠を体験しやすいのはどんな人か

そうは言っても、「できるだけ失敗したくない」「催眠を体験しやすいのはどんな人か知っておきたい」と思われる方もいらっしゃるでしょう。

「催眠感受性尺度」の説明の中でも解説したように、催眠体験のしやすさは人によって異なります。幻覚を見ることができる人もいれば、手が固まるという感覚がまったくわからないという人もいます。前者のような人を予め知ることができれば、より確信を持って催眠を行えます。

では催眠の体験しやすさをどのように判断すればよいのでしょうか。会ったばかりの人に対して、催眠を体験しやすいタイプかどうかを見極めるのは、簡単なことではありません。それでも、催眠を行っていくうちに見えてくる傾向もあります。ここでは個人的な経験則に基づいた判断を紹介します。

それは「隣の人の会話が耳に入ってこない人は、催眠現象が起こりやすい」というものです。カフェやレストランなどで会話をしているときに、つい隣のテーブルの会話が耳に入ってきてしまう人と、店を出るまでまったく何を話していたのか気づかない人がいます。後者の場合、「隣でこんな会話をしていたね」と同席した人から後で教えられて、まったく聞いてなかったと驚くことがあります。催眠を体験しやすいのも、このタイプです。

この傾向は催眠では高い集中を要求されるということと関連があると考えられています。人は目の前の物事や会話に注意を向けているときにも、周辺の情報を常に処理しています。この注意資源の配分は人によって異なっており、目の前のことにほとんどのリソースを使うことができる人もいれば、全力で集中したつもりでも周辺に気を配ってしまう人もいます。

目の前のことに集中するあまり、周辺の物事への注意が低下する。このようなタイプの人は、催眠を体験する上で適性があると言えるでしょう。

同じような理由から、「飲み会で他の人のグラスが空になっていることに気づかない」「考え事をしていて電車を乗り過ごすことがよくある」なども、催眠を体験しやすい人の特徴です。

もう一つ、まったく別の視点も挙げてみましょう。「金縛りに遭ったことがある人」もまた、催眠を体験しやすい傾向にあります。金縛りは睡眠の不順などが原因で起こる純粋な科学的現象ですが、自己暗示によっても金縛りと同等の硬直が起こることがあります。金縛りを体験したことがある人の中には、禁止暗示に反応しやすい能力を持った人がいることが少なくありません。

実際に催眠を行う場合には、まずは軽い現象をいくつか体験してもらう中で、被験者の特性を判断していくことができます。催眠を行っている最中の見極め方については、実践編の解説中でも具体的に紹介します。

催眠を行う流れ

それでは、催眠を行う際の一連の流れをまとめます。

ラポールの形成 → （催眠誘導） → 暗示 → 覚醒

最初に、ラポールの形成です。催眠とは何かということを説明し、ネガティブな誤解を取り除きながら、一緒に催眠を体験してみたいというモチベーションや期待感を被験者に抱いてもらいます。第1章で説明したようなトピックをかいつまんで説明するのもよいでしょう。催眠は被験者の期待がなければ絶対に起こりません。催眠において最も重要なフェイズです。

催眠誘導は必ずしも行わなくて構いませんが、集中やリラックスをしやすくするため、深呼吸を促して落ち着いてもらうのも有用です。

被験者の状況が整ったら、暗示を与えていきます。「どんな種類の暗示に反応しやすいのか、いくつかテストしてみる」という説明を行っておけば、暗示に反応しないことがあっても焦らずに他の暗示に移れます。基本的には体験できる人の多い運動暗示から始め、反応がよければ禁止暗示、そして感覚・記憶暗示へと、カテゴリの異なる暗示を段階的に試していきます。あまり多すぎても疲れてしまいますので、最初のうちはそれぞれのカテゴリから1~2種類を選んでみてください。連続して複数の暗示を与える際には、必ず今与えた暗示を解いてから次の暗示に移るようにします。「暗示に反応する／暗示を解く」のセットを繰り返すことで、続く暗示により反応しやすくなっていくということを押さえておきましょう。

もし途中で与えた暗示に反応しなかった場合は、「人それぞれ反応しやすい暗示は異なっている」という事実を伝えた上で、別な暗示を試してみます。「失敗」「かからない」などの言葉は決して使わないでください。被験者が「自分は催眠を体験しにくいのかも」と一度思い込んでしまうと、実際に暗示に反応しにくくなってしまいます。前向きに、いろいろな種類を提案していく中で、反応した暗示に対して「あなたはこういう暗示を体験しやすいんですね」と肯定していくことが大切です。

一通りの暗示を体験してもらったら、最後に覚醒法などで「催眠を解く」手続きを行って一連のプロセスを終了します。被験者がポジティブな気持ちですっきり終えられているか、インタビューを行ってください。

第2章ではラポールの形成から催眠の解き方まで、さまざまなツールを整理してきました。準備は万端です。いよいよ次の章から、「実践」を行っていきましょう。

第3章　【実践編①】運動暗示

この章では、「手が勝手に動く」「身体が勝手に倒れる」など、身体の動きに関する現象を解説していきます。

いきなり催眠を試すのはハードルが高いという方もご安心ください。ここで紹介する現象はすべて、人体の仕組みを利用しているものばかりです。そのため暗示の有無にかかわらず、誰がやってもほぼ確実に現象が起こります。ある意味で、「タネ」がある催眠といってもいいかもしれません。

では催眠とは無関係なのか？　というと、そんなことはありません。人体の仕組みを利用したトリックと暗示が混ざり合ったようなものだと捉えていただくと、わかりやすいでしょう。導入こそ人体の仕組みを利用しますが、だんだんと暗示のウエイトを増やしていくことで、ゆるやかに催眠状態につなげていくことができます。

指を鳴らした瞬間に催眠状態になる、ということは、まず起こりません。被験者の催眠現象への期待を、無理のないペースで高めていく上でも、ここで紹介するような「入り口」の手法は有用です。場数をこなした人であっても、催眠を行う場合、最初はこういう技法から入るという方は多いです。

ぜひ自分でも試しながら、催眠への理解を深めていってください。

腕が上がっていく

被験者の腕が、風船のように軽くなり、上に上にと浮上していきます。筋緊張を利用した手の運動に暗示文を掛け合わせることで、確実に現象を引き起こします。まずは「催眠らしい」感覚を味わってみましょう。

▼手順

①被験者に利き手で握り拳を作ってもらい、そのまま腕をまっすぐ前に伸ばしてもらいます。

②「これから、あなたの腕を私が下に押し下げますので、上に押し返してください」と伝えます。「触れてよいですか」と許可をとった上で、相手の握り拳を上から両手で包み、下方向に軽く力をかけます。

③「今あなたの手は、石のように重くなっていると想像してください。私が力をかけているので、実際に重く感じるはずです」と伝えながら、10～15秒程度、下向きに力をかけます。このとき、被験者の手からの反発を感じ取りながら、被験者の腕が同じ高さに留まっていられる程度に、加える力を調整してください。

時間が長くなる場合は、「疲れてきましたね。もう少しだけ我慢して、同じ場所で腕をキープしてみてください。あと少しです」などと声をかけてください。

④下方に加えている力を緩め、被験者にも手を押し上げるのを止めてもらいます。「力を抜いて結構です。私が手を離したら、今度はあなたの手が風船のように軽くなると想像してください。そうすると手が上にふわっと上がっていきます」と伝えて、両手をそっと被験者の握り拳から離します。

⑤被験者の手が上がってきたのを確認したら、すかさず「どんどん軽くなります。ふわーっと上に上がっていきます。風船のように軽く軽く上に持ち上がっていきます」と暗示を与えていきます。

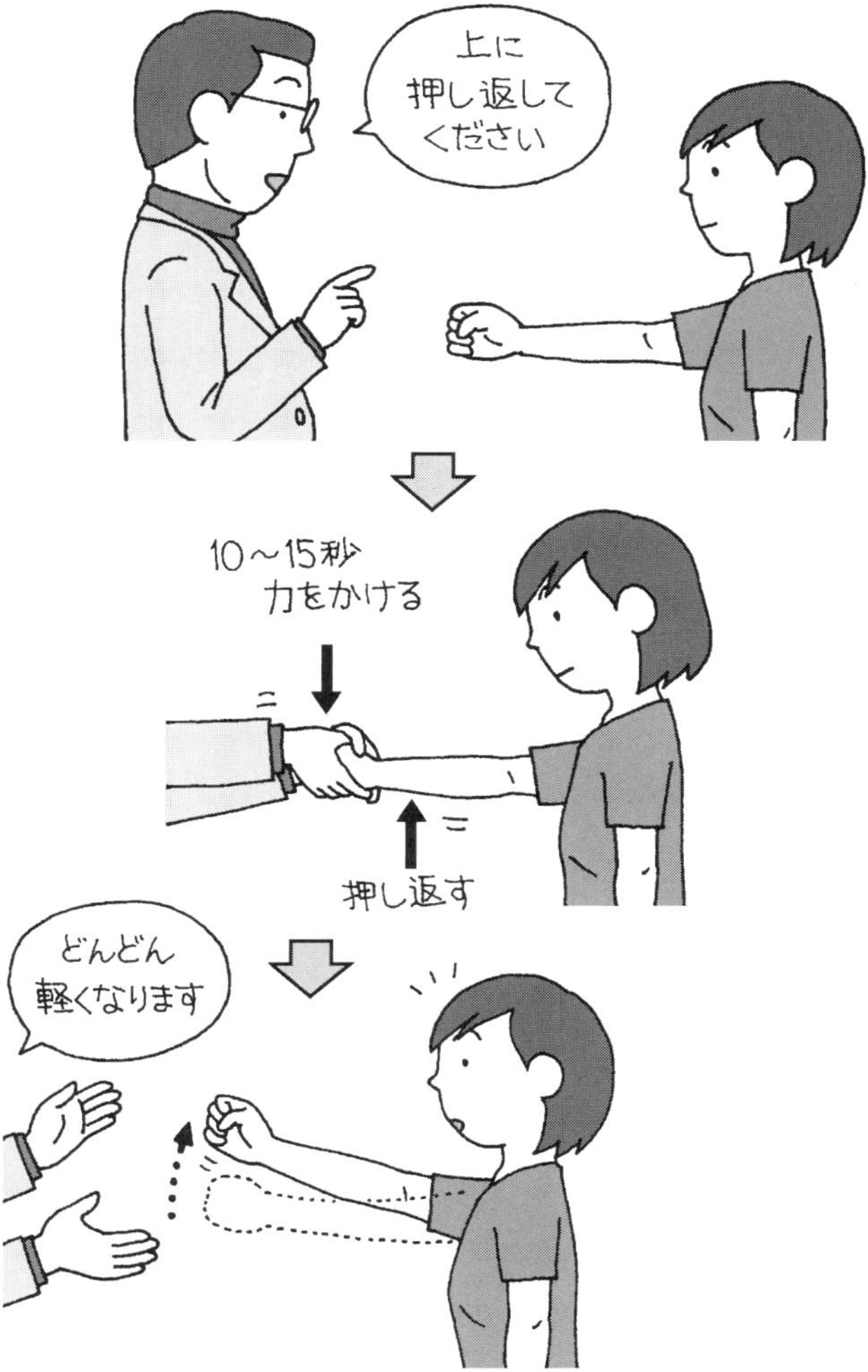
上に
押し返して
ください
10～15秒
力をかける
押し返す
どんどん
軽くなります

▼メモ

まずは自分でこの感覚を味わってみましょう。誰かに自分の手を上からしばらく押してもらい、手の位置を同じ高さにキープするよう抵抗します。解放された途端、自分の手が上昇し始めるのがわかると思います。これは「コーンスタム現象」と呼ばれており、筋収縮を利用した面白い人体現象です。この現象自体は、催眠とはまったく異なるメカニズムで起こりますが、得られる感覚は催眠のそれと似ています。

「自分が動かそうとしているわけではない」のに「勝手に手が動いていく」感覚は、催眠によって意識せず身体運動が引き起こされるときと非常に近いです。催眠では、このような感覚を**「解離」**と表現します。解離的な感覚を擬似的に体験してもらうことによって、催眠についての被験者の理解を促すことができます。

「手が勝手に上がっていく」現象は、被暗示性の見極めにもよく用いられるテストです。そもそも反応率が高い暗示で、ここで紹介しているような筋肉の仕組みを利用せずとも、7割以上の人で腕の浮上が起こります。慣れてきたら「コーンスタム現象」を用いることなく、暗示だけで腕の浮上を起こせるようになります。

なお腕を持ち上げたままの体勢は被験者にとって負担になりますので、疲れが溜まらないうちに暗示を解き、その後、腕を休ませる時間をとるなどの配慮も意識しましょう。

▼応用編

以下のようにスクリプト（セリフ）を変更することで、暗示だけで手の浮上を引き起こすことができます。

「右手（※相手の利き手に合わせます）を握って、親指を上にし、前に突き出してください。いまあなたの手は、風船のひもを握っていると想像してください。とても軽い風船です。これから風船はどんどん大きく、軽くなって、あなたの手を上に上に持ち上げていきます。想像していると風船が大きくなるのにつれて手がふわっと上に上がっていきます。どんどん上に……上に……持ち上がっていきます。軽く……軽くなっていきます」

このとき、「上に……上に」「軽く……軽く」という言葉は、相手の手が実際に上がったのを確認しながら、そのペースに合わせるように伝えると一層効果的です。

両手が開く

被験者の両手を前に出してもらいます。両手の間に風船があることをイメージして、その想像上の風船を膨らますように、息を吹き込んでもらいます。そうすると、想像上の風船が膨らむのに合わせて、両手がどんどん離れていきます。

▼手順

①「前ならえの要領で、両手を前に出してください」と言いながら、両手を前に突き出してもらいます。この時、完全に肘が伸びていなくとも構いません。

②「今から『両手の間に小さな風船がある』と想像をしていただきます。両手をお椀《わん》みたいにして、風船を持つイメージをしてください」と言いながら、被験者の両手の間隔が10cm程度になるように調整します。

③「一旦、こちらをご覧ください」と被験者の注目を施術者に集めます。

④先に手本を示します。「今からこの風船に、思い切り息を吹き込んでいただきます。吹き込んだらそれと同時に、風船を膨らませてください。こんなふうに」と言って、思い切り息を吸い、手に持った想像上の風船めがけて口をすぼめて吹き込みながら、両手を少しだけ開いてみせます。これを数回、繰り返しながら、両手の間隔をその度に広げます。

⑤「ではやってみましょう。どうぞ」と、被験者に促し、④で施術者が行って見せ

息を吹き込まなくとも
風船が膨らんで
いきます

たことを被験者自身でやってもらいます。何度か繰り返したところで、手を叩くなどして「結構です」と止め、楽な体勢に戻ってもらいます。

⑥「今は息を吹き込むと同時にわざと手を広げていただきましたが、次はただ息を吹き込むだけで構いません。でもなぜか、手を広げようとしなくとも、息を吹き込むと勝手に手が開いていきます」と伝えます。

⑦「それではもう一度両手を前に出してください。手を叩いたら、息を思い切り吸って、風船を膨らませてください」と伝

え、手を叩きます。「はいどうぞ！」と、呼吸を促します。

⑧被験者が息を吸って吐くと、それにつられて、両手が横に広がります。この現象があたかも催眠で起こっているかのように伝えます。「息を吹き込むと、風船が膨らんできます。息を吸って吐くと、手がどんどん横に広がっていきます」と暗示を与えます。

このときに、被験者の呼吸のペースを見ながら、相手が息を吸ったタイミングで「息を吸って……」、吐いたタイミングで「吐くと手が横に広がります……」と、観察に合わせて言葉を伝えるように心がけてください。

⑨「あるところまで来ると、もう息を吹き込まなくとも、勝手に風船が膨らんでいきますよ。何もしないでも手が横に開いていきます」と暗示を与えます。呼吸と関係なく手が動き出している場合、「どんどん手が広がっていきますよ。さらに加速していきます」と追い込み暗示を入れます。どこかで動きが鈍くなってきたら、適当なところで手を叩いて暗示を解き、体勢を楽にしてもらいます。

▼メモ

両手がどんどん開いていく、という暗示自体は、催眠でよく使われるものです。ここでは、その暗示に想像上の風船というアイデアを加えることで、人間の身体の構造上、「必ず手が開く」ようにしています。

自分でやってみるとわかるのですが、手を前に出した状態で、大きく息を吸って吐くと、勝手に両手が開いていきます。これも、前項で紹介した「解離的」な人体現象です。

この自動的に起こる動きに「想像上の風船を膨らませる」というイメージを重ねることで、あたかも催眠現象が起こったように錯覚させます。「本当に手が開いた！」という驚きが、思い込みを強め、催眠に入っていく手助けになります。

暗示に強く反応しやすい被験者の場合は、途中から深呼吸の有無にかかわらず両手が開いていきます。そうした兆候が見られた場合は、身体の動きに関する暗示に反応しやすいと判断して、他の暗示を試してみてください。

振り子が動く

被験者に振り子を持ってもらい、頭の中で「左右に揺れる」「前後に揺れる」と念じてもらうと、実際に振り子が念じた方向に揺れていきます。

▼**手順**

①準備として、振り子を用意します。手に持てるサイズであればどのようなものでも構いません。自分で作製する場合、約20cm程度の糸の先に、五円玉を結びつけたものを用います。

②被験者に用意した振り子を渡し、糸の上のほうを利き手の人差し指と親指でつまむように指示します。反対の指で五円玉を押さえて、動きを止めてもらいます。

③「これから、振り子が左右に揺れると頭の中で思い描いてもらいます。揺れる想像をする

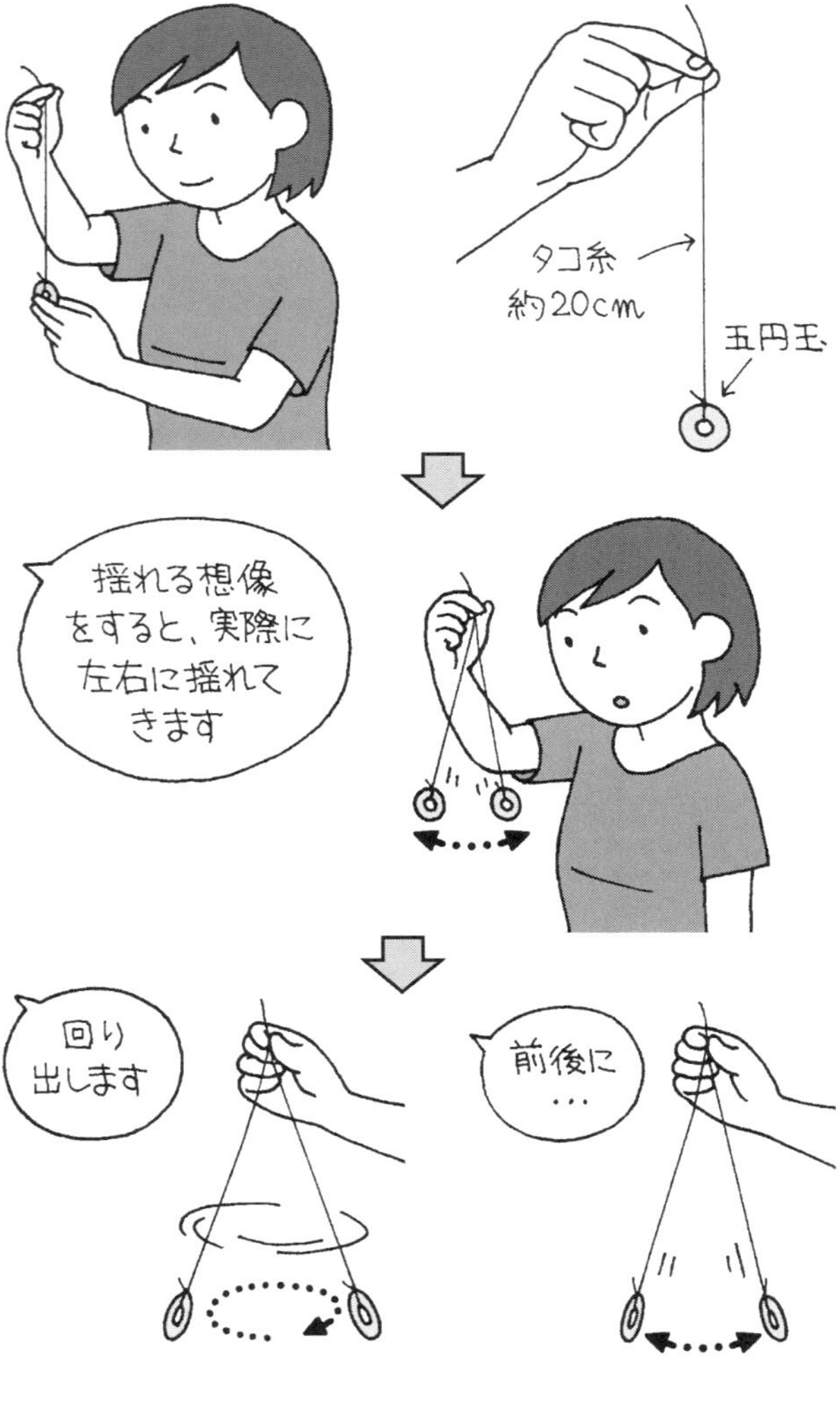
タコ糸
約20cm
五円玉
揺れる想像をすると、実際に左右に揺れてきます
回り出します
前後に…

と、実際に振り子が左右に揺れていきます」と伝えます。

④振り子が左右に揺れ始めたのを見計らって、「いま振り子が左右に揺れ始めましたね」と伝えます。「揺れている振り子を見ていると、さらにどんどん大きく揺れていきます」と追い込み、振り子の揺れが大きくなるのを確認します。

⑤「これから手を一度叩くと、振り子は左右ではなく前後に揺れ始めます」と伝えたあとで、手を叩きます。「前後に揺れ始めます。想像してください。想像すると振り子が前後に揺れていきます」「振り子が前後に揺れ始めました。振り子を見ていると、もっと前後に揺れていきます」と、先ほどと同じ要領で前後に揺れ始めたのを確認し、追い込みます。

⑥「次に手を叩くと、今度は振り子は時計回りに回り出します」と伝えて手を叩きます。④と同じように、(回転運動が観察される前)「回るところを想像していると振り子が回り出します」(回転運動が観察された後)「回っている振り子を見ていると、動きがどんどん大きくなっていきます」など、追い込みを行います。

▼メモ

とても起こりやすい現象かつ、見た目が派手でわかりやすいので、今でも催眠の導入によく用いられている方法です。まずは自分で試して、その効果の強力さを実感してみてください。

この現象は、昔から「シュヴルールの振り子」として知られていました。催眠術といえば振り子というイメージがいまだに根強いのは、このシュヴルールの振り子を多くの人が活用していることの証左でしょう。

頭の中で想像した動きが、自ら動かそうと意識していないにもかかわらず筋肉の運動として生じてくるような現象を**「観念運動」**と呼びます。この振り子の運動は、観念運動を容易に引き起こすことができ、かつ視覚的なわかりやすさも伴うので、催眠をはじめて行う人にとっては使いやすい現象です。

▼応用編

一連の手順のあとに、手が重たくなっていくという暗示を入れることも可能です。振り子を持った状態で長くいると腕が疲労してきますので、そもそも腕は下がりやすい状態になっています。⑥のあとに、以下のスクリプトを与えてください。

「そのまま振り子を見ていると、腕がだんだん重たくなってきます。重く……重く……息を吐くと力が抜けていきます。振り子につられるように手がどんどん下に下がっていきます」

振り子が十分に下降したのを見計らい、「手を叩いたら動きが止まります」と伝えて、暗示を解きます。

身体が後ろに倒れる

被験者に椅子に座ってもらい、上体を起こしてもらいます。身体が後ろに倒れると思い込むと、実際に背中が背もたれに吸い寄せられるように倒れていきます。

▼手順

①準備として、十分に高い背もたれのある椅子に被験者に腰掛けてもらいます。背もたれから身体を離した状態から、力を抜いて背もたれに身体を倒しても、危険がないことを確認しておきます。

②「身体を背もたれから離して、まっすぐに座ってください。これから目を瞑ってもらいます。目を瞑ったら、全身の力を抜いて、背もたれに身体を預けるように倒れ込んでください」と伝え、被験者にその通りのことをしてもらいます。この時、目を瞑ったあと・・・に身体を倒している（同時ではない）ことを確認してください。

③立て続けに「目を開けて、身体を起こしてください」と言います。元の姿勢に戻ったら、「今行ったことを10回ほど繰り返していただきます。目を瞑ったら身体を倒す、目を開けたら身体を起こす。自分のペースで繰り返してください」と指示します。

④10回前後の動きを行ってもらったら、「結構です」と止めて、目を開けて身体を起こした状態に戻ってもらいます。

⑤「先ほどは、目を瞑ったら、自分の意思で身体を倒していただきました。ところが今度は、目を瞑るだけで、身体が勝手に後ろに引っ張られるように倒れていきます。私が一度手を叩いたら目を瞑ってください」と伝え、手を叩きます。

⑥被験者の身体が後ろに倒れていくのを確認します。動きはするが背もたれまでは倒れきらない場合は、「どんどん引っ張られます……後ろに倒れていきます」と追い込み暗示を入れてください。動きが見られない場合は、②～③の作業をもう一度試してもらいます。

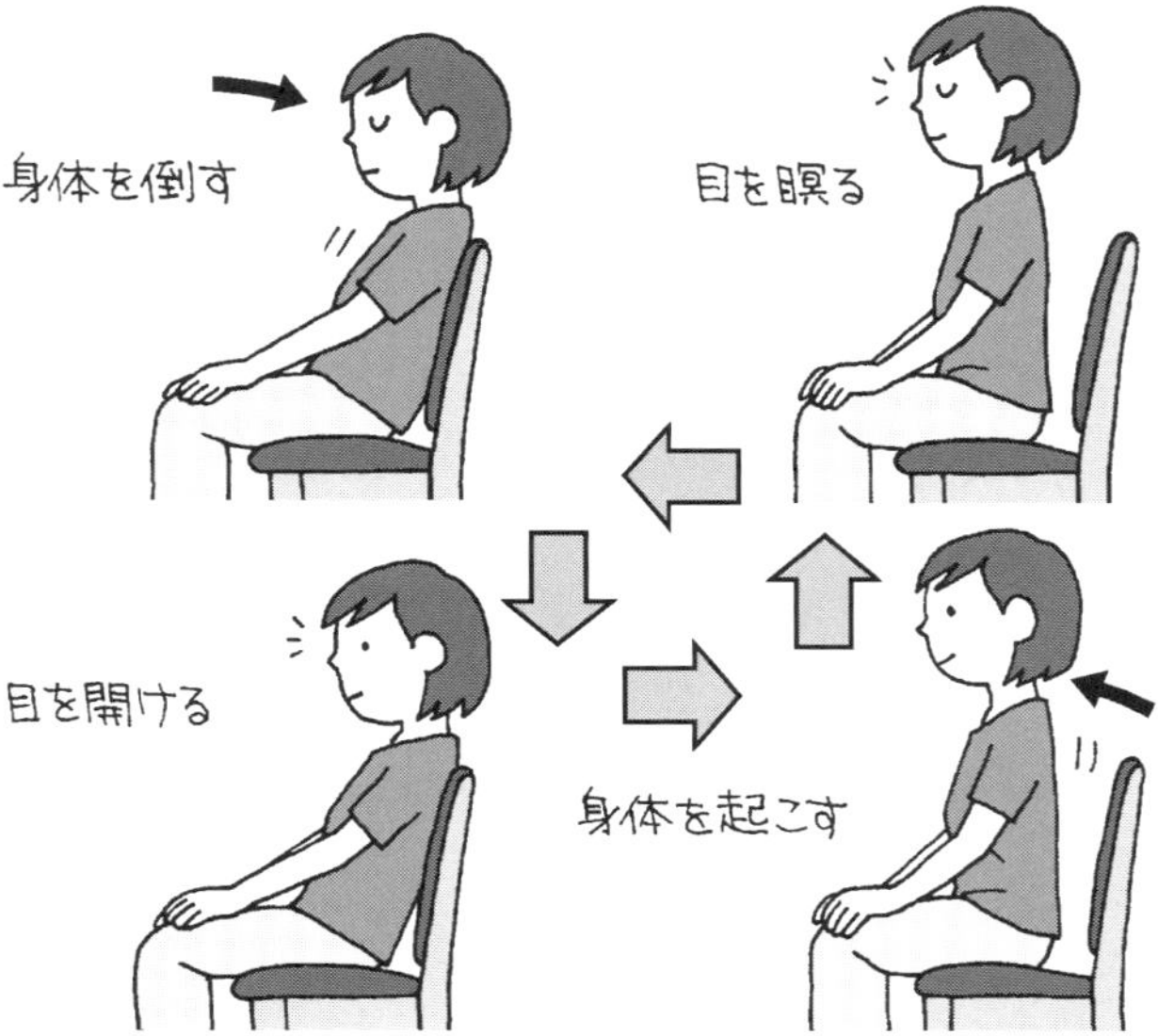
身体を倒す
目を瞑る
目を開ける
身体を起こす

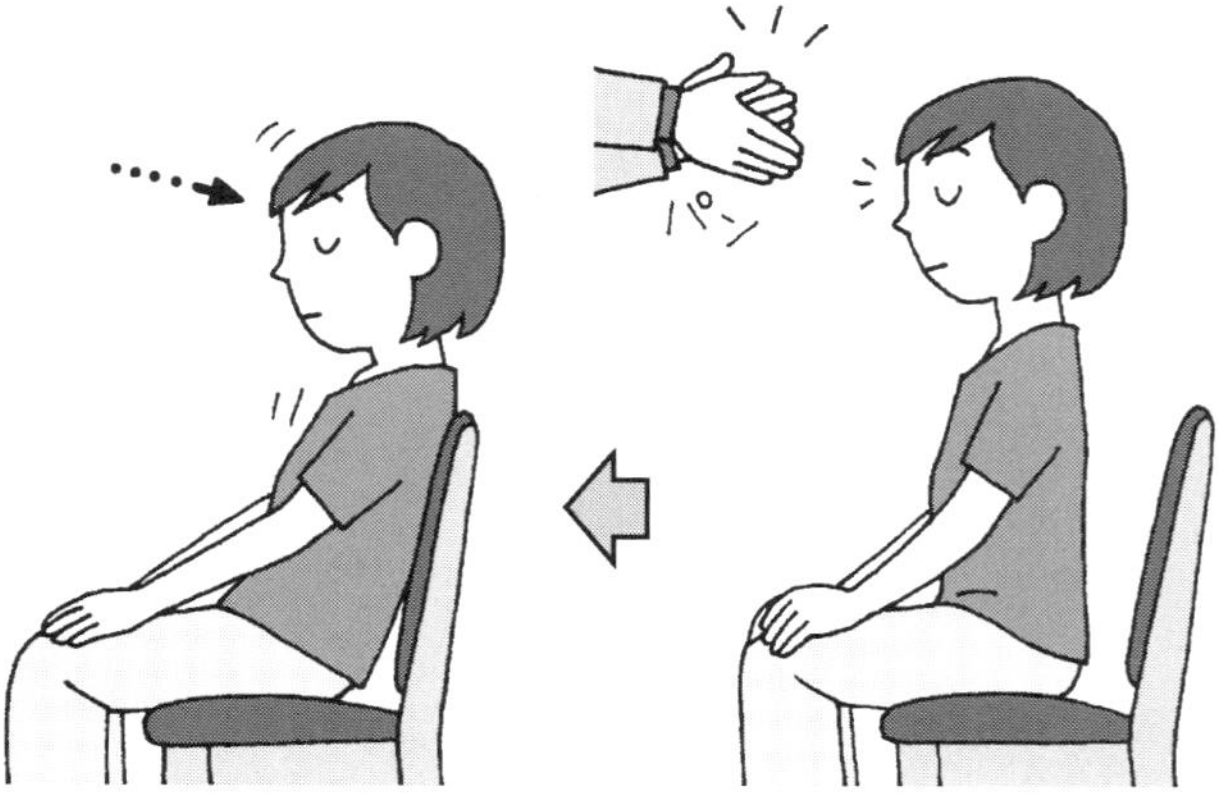
パン

▼メモ

催眠では、**条件付け**を使うことが多くあります。ここでは「目を瞑る」と「身体が後ろに倒れる」という条件付けを、ごく短い時間で形成します。

これまでに紹介した暗示と比べると身体の動きが大きく、場合によっては完全な脱力が起こる可能性もあるので、安全な椅子を選ぶようにしましょう。滅多にありませんが、椅子から崩れおちる可能性もありえるので、被験者の近くに立つことも心がけてください。

その点に注意をすれば、現象自体も起こりやすく、また脱力にもつなげられるので、使い勝手がいい手法です。この条件付けは暗示の有無とは関係なく起こりますので、自分で試しても後ろに引っ張られる感覚が起こります。「催眠の感覚」を体験するのにいい方法なので、ぜひ自分自身でも行ってみてください。

▼応用編

単なる条件付けにとどまらず、人によっては、強く暗示に反応して、脱力を引き起こすことがあります。

両手の完全な弛緩《しかん》（だらんとぶらさがっている感じ）や、肩や首の力が抜けている様子など、十分な脱力が起こっていると判断できた場合、そこからより暗示を深めることが可能です。その場合、⑥の後に次のように続けます。

「そのまま背もたれに身体を預けていると、身体がどんどん重くなっていきます。息を吐くにつれて重く……重く……椅子に沈み込んでいきます」

「身体が椅子に沈み込んで、もう身体を起こすことができません」

ここから、第4章で解説する「立てなくなる」暗示（141ページ）につなげていくのも相性がよい流れです。慣れてきたら試してみてください。

指が近づく

両手を胸の前で組み、指を2本立てます。指先を5〜10㎝ほど開いて、間を見つめていると、指がだんだん閉じてきます。

催眠で一般的に使われる「指の接近」テストです。あわせて、「暗示に反応しやすいかの見極め」についても説明を行います。

▼手順

①「両手を胸の前で組んで、人差し指を2本立ててください」と指示しながら、施術者自身の指で実際にそのようにやってみせます。

②「私が一度手を叩いたら、こんなふうに指と指を開いてください」と言いながら、自分の人差し指の間隔を5〜10㎝ほど開いて手本を示します。

人差し指を
立てて
ください

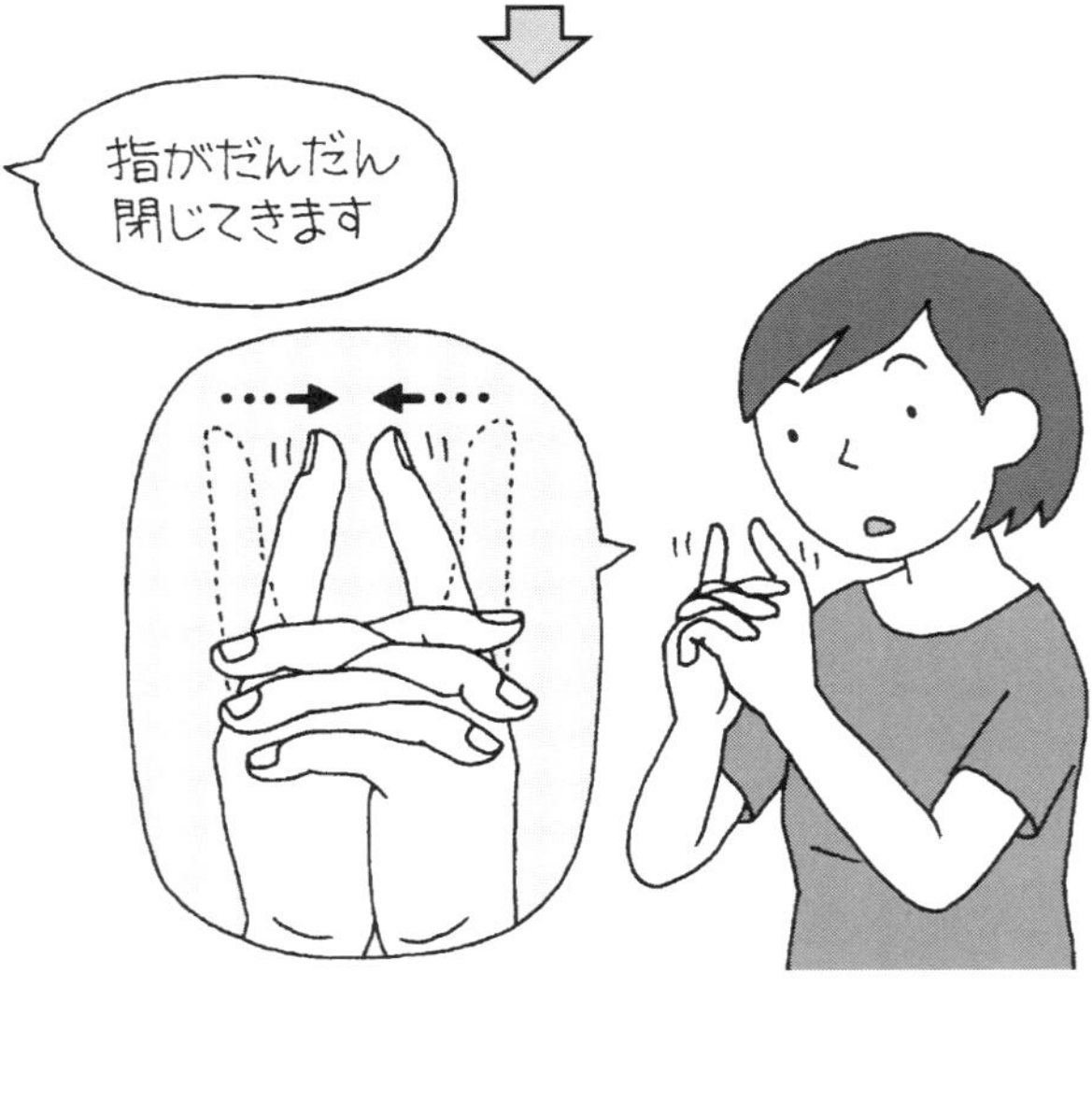
指がだんだん
閉じてきます

③「それでは自分の指に注意を向けてください」と、意識を被験者自身の指先に戻します。

④手を叩きます。被験者が指を開いたら間髪をいれず、「間をじっと見てください。指と指の間を見ていると、指がだんだん閉じてきます」と続けます。

⑤「指と指の間を見つめていると、指がどんどん閉じてきます。まるで指が磁石のS極とN極になったようにくっついてきます。ぐーっと引き寄せられていきます」など、指が近づいていくことを強調します。

▼メモ

実際、同じような形に指を開いてみてください。自分でも、徐々に指が閉じてくるのが体感できるでしょう。

力を入れ続けていなければ、指を開いた状態でキープすることはできません。時間が経ち、力が抜けていくにつれて、勝手に指は閉じてきます。それだけであればなんてことのない現象なのですが、重要なのはこれを催眠の文脈で行うことで、あたかも「催眠現象」

のように思わせるということです。

「自分の意図とは関係なく指が動く」という解離現象を体験することで、催眠についての興味関心を高めることができます。またその時の様子から、催眠への反応しやすさの見極めを行うこともできます。見極めによってスクリプトを変化させていくのは、催眠を学ぶ上で欠かすことのできないスキルです。以下では応用として、見極めとそれに応じたスクリプトを解説します。

▼応用編

④⑤の暗示への反応は人によって異なり、大きく3通りに分かれます。

A：指が完全にくっついてしまう人
B：指が少しずつ近づいてくる人
C：指がまったく動かない人

その様子を見極め、次のようにスクリプトを変化させます。

A：指が完全にくっついてしまう人

「指がもうくっついてしまいました。まだじーっと指を見続けていてください。そうすると、指と指がさらにくっついていきます。隙間がなくなっていきます。まるで接着剤でくっついてしまったかのようにぴたーっとひっつきます。ほら、もう開こうとしても開かないですよね？」

すぐに指がくっついてしまった人には、続けて「指の硬直」の暗示を試してみます。その際、指や表情など、被験者全体の様子を観察しながら、「何か変化があるか」をできるだけ感じ取ろうとしてみてください。少しでも変化を感じたと思ったら、その瞬間に「ほら、**もう開こうとしても開かないですよね？**」という言葉を投げかけてみましょう。

被験者の手を見て、指のこわばり、力が入りすぎているような感じ、かすかな震えなどが観察されたら、それは硬直の兆候と見てよいでしょう。

暗示に成功して手の硬直が起こった場合は、「一度手を叩くと、指が開きます」と伝え、手を叩いて、暗示を解除します。

指が開いてしまった場合は、「まだ開きますか。結構です。それでは楽にしてください」と、手を解くことを指示します。

B：指が少しずつ近づいてくる人

「じーっと見つめているとさらに近づいていきますよ。最初と比べて、もう半分くらいまで来ています（※相手の指の接近の度合いを述べる）。そこまで近づいたらもっと加速していきますよ。どんどん近づいていきます」

指の接近を、「追い込み暗示」で、さらに強めようと試みます。「指が近づいている実感」を相手に与えつつ、さまざまな言い回しを使って、「もっと指が近づいてくる」ことを暗示します。それによってどのくらい指が近づくか、観察をしてみてください。

どこかで動きが止まってしまい、一定距離以上に指が近づく様子が見られない場合は、一度手を叩いて「結構です。手を元に戻して楽にしてください」など、施術者の側から中断するようにします。

C：指がまったく動かない人

「無理に力を入れる必要はありません。楽にしてください。そうすると、最初はごくわずかにですが、指が動きます。ちょっと動いたなと感じると、どんどん指が近づいてきますよ。（相手の指が少しでも接近したのを見たら、間髪いれず）ほら、今動きました。一度近づいたなと思うと、もっと近づいていきます」

指が接近しないケースというのは、「頑張って力を入れている」結果の表れです。この場合、「催眠を体験するには、無理に抵抗する必要はない」ということが被験者に伝わっていません。ですので、まずは抵抗を解くようなスクリプトを与えています。ごくわずかな変化を拾い上げて、強化を試みると、徐々に指が動いていくことがあります。

被験者の指の開き方も確認しておきましょう。「一度掌をぴったり合わせて、そこから手を組み、その後で人差し指を2本立てる」という形で手を組み直してもらうと、人差し指の根元がくっつき、少しだけ指が接近しやすい形になります。それでもまったく変化がない場合は、Bの切り上げ方と同様、手を叩いて「楽にしてください」と伝えます。

第4章　【実践編②】禁止暗示

握った手が開けない、喋れない、立ち上がれない……。このような禁止暗示は、催眠の効果を被験者に実感してもらう上で強力な現象です。

読んだだけだと「本当にそんなことが起こるのか？」と思ってしまうかもしれません。しかしここで紹介するような暗示は、30％～50％程度の人が反応するものです。3～4人に試せば、誰か1人は反応する人がいるというような感覚を持っておくとよいでしょう。

催眠を習得する上で、禁止暗示には一つ大きなメリットがあります。それは「成功／失敗」がわかりやすいということです。動きに関する暗示は、人によってさまざまな反応の仕方がありますが、「立てなくなる」というような暗示は、「立てなくなった／立てた」のいずれかがはっきりとわかります。催眠の成功率を上げようとしたときに、練習の題材として適切です。

この章では、さまざまな禁止暗示を紹介しながら、暗示の伝え方について解説を行います。あわせて、催眠で使われるさまざまな技法、「凝視法」や「混乱法」などについても、それぞれの現象の中で説明をします。技法は単独で取り出して解説するよりも、手順の中で理解したほうが習得が早いです。どこでどんな技法が使われているのかを意識しながら、読んでみてください。

手が固まる

手を握って意識を向けるうちに、固まってしまい開くことができなくなります。禁止暗示の基本となる、カタレプシー現象の解説です。

▼手順

①被験者に、利き手を握って目の前にかかげ、好きな爪を選んで見つめてもらいます。
「すべての爪が見えるように手を握ってください。どの爪を見つめながら催眠を体験したいですか?」と問いかけ、答えを聞いた上で「結構です。いま決めた爪をじーっと見つめていてください。もし意識が逸《そ》れてしまっても、また元の場所に視線を戻してもらえれば大丈夫です」と伝えます。

なおこの時、手の握り方を観察し、爪が手に食い込んでいないか注意をしてください。

②手に握る力を入れてもらいます。「手にぐっと力を込めてください。指先を掌にめり込

ませるような感覚です。指先と掌の隙間がなくなっていきます。接着剤でくっついてしまったようなイメージです」

③手に意識を集中してもらいます。「爪を見つめながらぐーっと握っていると指先の感覚が変化してくるのがわかります。指先がじわーっとしてきたり、温かくなってきたり、あるいは疲れてきたりするかもしれません。どんな感覚かは人それぞれですが、普段と違う感覚の変化を楽しんでみてください。あなたはその感覚に意識を集中することができます」と伝えます。

④数十秒程度力を入れ続けてもらったら「だんだん指が疲れてきましたね。少しだけ力を抜いていただいて構いません。そうすると、先ほどとまた感覚が変わってきます。血が指先に流れてきます。それと同時に、指先や指の付け根がこわばるような感じがしてきます。その感覚に意識を向けていると、どんどんあなたの手は固く、石のように固くなっていきます」と、手の硬直の暗示を与えていきます。

好きな爪を
一つ決めて
じーっと
見つめて
ください
手にぐっと
力を込めて
ください
パン
もう手は
開きません

⑤「私が一度手を叩いたら、その手は開きません」と伝えた上で、手を叩きます。間髪いれず「もう手は開きません！　開こうとすればするほどどんどん固くなっていきます」と追い込み暗示を与えます。

⑥「一度手を叩いたら自由に手は動かせます」と伝えて、手を叩き、暗示を解きます。

（⑤で手が開いてしまった場合）

被験者が「自分は催眠にかからなかった（自分はかかりにくいタイプだ）」と思い込まないように、すぐに平然と「これだとまだ開くようですね」「それでは手を楽にしていただいて結構です」などと続けてください。もう一度試すかどうかは、被験者の様子を見て判断します。

手がこわばる様子もなく、何の躊躇《ためら》いもないまま、すぐに手が開いてしまった場合は、

●ラポールの形成に失敗している
●暗示が正しく伝わっていない

●被験者の催眠感受性が低い

などの可能性がありますので、再度、第3章で紹介したような暗示を試してください。被験者がゆっくりと手を開いたり、少しでも開きにくそうな感じが見受けられた場合は、「**手は開きにくくなりましたか?**」と質問します。肯定的な返事があれば、「**今度はもう少し時間をかけてやってみましょう**」「**違う爪でやってみましょう**」などと伝えて、再度同じプロセスを丁寧に繰り返します。後述する、両手を組んでもらう方法に切り替えて繰り返しても構いません。

▼**メモ**

催眠では、「**カタレプシー**」と呼ばれる、筋肉の硬直現象がよく用いられます。日常的には容易な動作が一時的にできなくなる「禁止暗示」の代表的な現象ですが、ここでは筋肉の仕組みを利用しながら、カタレプシーに導いていきます。

手にある程度力を込めてから脱力をすると、手がこわばって開きにくくなります。この感覚に合わせて、手の硬直の暗示を与えていきます。

重要なテクニックが二つ使われています。一つ目は「**凝視法**」です。一点を見つめ続けることで意識や注意の集中を促す技法で、催眠では頻繁に用います。ここでは爪を見つめさせることにより、手の感覚に意識を向けさせ続けています。

二つ目は「**イエスセット**」の活用です。イエスセットとは、与えられた言葉に対し内心で（はい）と連続して答え続けていると、続く暗示にも、つい（はい）という肯定的な応答を引き起こしてしまうという技法のことです。

ちりばめている「指先と掌の隙間がなくなっていきます」「疲れてきたりするかもしれません」「普段と違う感覚の変化があります」「（手を開くと）また感覚が変わってきます」といった言葉はすべて、相手に自分の手の感覚へと意識を向けさせるスクリプト（セリフ）であり、かつ、絶対に否定しようがないものです。そのような（はい）という「無言の肯定」を引き出す言葉の延長で暗示を与えることで、いきなり単に「指が固くなり開かなくなる」と伝えるよりも、被験者は飲み込みやすくなります。

なお慣れてくると、手が固まってきたかどうかが被験者の表情（視点が落ちる、顔の筋肉が緩む）や手の様子（一瞬こわばる）から判別できるようになってきます。もし③や④の途中でカタレプシーの兆候が見られた場合は、そのタイミングで、「もうその手は開こうとしても開きませんよ。開こうとしてみてください。開こうとするとどんどん固くなっていきます」と暗示を与えて大丈夫です。

▼応用編

手を固める方法のバリエーションとして、両手を組んでもらう形も有効です。両手をしっかり組んでもらい、同じように力を入れてもらって、緩めたタイミングで「手が固まる」という暗示を与えます。この場合のスクリプトもほとんど変わりません。

「両手を胸の前でしっかり組んでください。左右の親指の爪の、どちらか好きなほうを決めてください。決めた指を見つめながら、両手にぐーっと力を入れてください」

ここからは③以降と同様に進めます。

腕が曲がらない

伸ばした腕が棒のようになり、曲げられなくなります。

▼手順

①「利き腕をまっすぐ前に伸ばしてください」と伝えます。このとき、指の先から肩までが一直線になっていることを確認し、肘や指が曲がっている場合などは、「触りますね」と声をかけた上で、関節を伸ばしてください。

②親指を上にまっすぐ立ててもらいます。「親指の爪先を見つめてください。あなたの腕はぴんと、固くまっすぐに伸びています」と伝え、相手に腕に意識を集中してもらいます。

③腕の硬直の暗示を与えていきます。「伸ばした腕が固くなっていくところを想像していると、どんどん実際に固くなっていきます。手が一本の棒になったように、まるで腕に

添え木がしてあるように、手を曲げることができなくなっていきます」

④被験者の腕に力が入っているのを目で確認したら、「ほら、もう曲がりませんよね。曲げようとしてみてください」と暗示を与えます。相手が曲げようと試みたらすかさず「曲がりません。曲げようとすればするほど固くなっていきます」と追い込みます。

⑤「私が手を叩くと腕は自由に曲げられます」と伝えて、手を叩き、暗示を解除します。

▼メモ

「手の硬直」が成功した場合に、次に行う催眠として使いやすいのが、この「腕の硬直」です。慣れるまでは、この催眠を行う前に「手の硬直」を試すようにしてみてください。手の硬直が起こった被験者であれば、大半がこの腕の硬直にも反応します。

コツは「肘を完全に伸ばしてもらうこと」です。「手をまっすぐ前に伸ばしてください」と伝えても、肘の関節が十分に伸びきらない状態になっていることが多くあります。こういう時は、①のように、相手の腕に触れて完全に伸ばすことが有効です。できるだけ接触を少なく、あくまで指先を肘に軽く添えるようなイメージで、伸ばしてあげてください。

ここで紹介したいのは、「被験者への触れ方」です。催眠を行っている最中は、必要がない限り、被験者の身体には触れないほうがよいでしょう。もし触れる場合は必ず、「事前に予告をする」「許可をとる」ということを心がけてください。いきなり被験者の身体に接触するような行為は、抵抗感を生み、形成したラポールが壊れることにもつながりかねません。

▼応用編

「腕の硬直」現象を、握手からの流れで引き起こすことも可能です。ここでは自分がよく行っている方法をお伝えします。

被験者と1m弱距離をとった状態で、正面に向き合い、「握手をしていただいてよいですか」と確認をとります。相手が手を伸ばしてきたら、軽く握手する要領で、相手の掌を握ります。ここから、「相手の目」を見つめるようにします。

初めのうちはやや気まずさを感じると思いますが、目を見つめ合うのは催眠を行う上で効果的な技法の一つです。これは凝視法の一種ですが、被験者の目を観察し続けることができるので、いつ暗示に反応したかを判別しやすいというメリットもあります。

そのまま目を見つめながら、被験者の手を軽く自分のほうに引き寄せます。こうすることで、相手の肘関節を伸ばし、腕がすっと一本の棒のように伸びた状態を作ります。腕を伸ばし切ったら、被験者の手を握る力を弱めながらも、完全には離さず、自分側に引き寄せるように自分の手を手前に引いていきます。相手の掌を摑んで引っ張るというよりは、撫でるように相手の掌の上を滑らせつつ引いて、握手をほどいていくようなイメージです。

この動作と同時に、「いま、腕にピンと棒が通っているのがわかりますか？」と伝えていき、被験者の様子を見て「ほら、もう腕は曲がりません！」と、暗示を与えます。

「曲がらない」という決定的な暗示を伝えるタイミングについては、

●被験者の目の焦点が、少し下に落ちた
●被験者の表情筋が、一瞬緩んだ
●被験者が、一瞬笑った
●握っている被験者の手に力が入る、ないしは力が抜けるような感覚があったなどの変化の直後に行うことで、成功率を高められます。こうした被験者の変化は文字で読むだけだとあいまいに感じられるかもしれませんが、慣れると即座に気づけるようになります。

他の暗示、特に禁止暗示全般に共通することですが、このような瞬間が見られたら今行っている流れを途中で切り上げて、すかさず決定的な暗示を与えるようにして下さい。カタレプシーなどの兆候があるのにそれを無視して準備段階のスクリプトを続けていると、いざ「曲がりません！」と伝えたときに遅い場合があります。被験者が「あ、曲がらないかも」「何か今変な感じがした」と思ったその一瞬を逃さないようにする。「あ、やっぱり曲がるな」「気のせいだったかも」と思い直してしまうまでの間が勝負です。

焦る必要はありませんが、繰り返し行う中で、自分なりの判断基準を見つけていくことをおすすめします。

指が離せない

親指と人差し指をくっつけた状態で、その指を離すことができなくなるという催眠です。「驚愕法」と呼ばれる技法とあわせて紹介します。

▼手順

①親指と人差し指で、薄い紙をつまんでもらいます。名刺でもメモでも、割り箸の袋でも構いません。ここでは名刺を例に進めます。親指と人差し指の方向が揃い、かつ両方の指が真下を向いているように、被験者の指や手の位置を調整してもらいます。

②名刺の文字の一点を見つめてもらいます。「どこか一点を決めたら、できるだけ目を逸らさずにそこに意識を集中してください」と伝えます。

③「あなたは一点をじーっと見つめています。あなたの親指と人差し指は名刺をつまんでい

どこか1点に意識を
集中してください
その指は もう
離せません
離そうと
すればするほど
できなくなります

ます。もう少し力を入れてもいいですよ。ぴったりと、まるで接着剤でくっついてしまったかのようにしっかり、あなたの指は名刺をつまんでいます」と暗示を与えていきます。

④ここでいきなり、相手のつまんでいる名刺を摑んで、真下に引き抜きます。すかさず**「その指はもう離せません！」**と暗示を与えます。

⑤指が開かないのを確認したらすぐに**「離そうとすればするほど力が入って離すことができなくなります」**と追い込み暗示を与えます。

⑥**「私が手を叩くと指は離れます」**と伝えて、手を叩き、暗示を解除します。

▼メモ

「驚愕法」とは、その名の通り、相手が驚いたタイミングに暗示を与えるテクニックです。起こしたい現象に関連する暗示を事前に与えておくことで、驚愕法はより効果を発揮します。ここでは名刺を引き抜く手前、③のところで、指がくっつくという現象を予期させるような暗示を連ねています。

一点を見つめる凝視法によって注意を集中してもらい、指がくっつくことに関連する暗示を与えていき、驚愕法で隙を作って、その瞬間に指が離せないという決定的な暗示を与える……という流れです。

ここまでわかりやすい例は少ないですが、驚愕法は催眠を行う上でよく目にする技法の一つです。

なお、ここで用いた指の形は95ページで紹介した「振り子が動く」と近いものです。「振り子が動く」現象の後に続けてこの現象を行うのもよいでしょう。この場合も、振り子をつまむ指先に力を入れてもらい、いきなり振り子を下に引き抜くなどの流れは同様です。

手が持ち上がらない

膝や机の上に置いた手が持ち上がらなくなります。手の様子から「被験者が体験しやすい暗示の見極め」も行いやすい暗示です。

▼手順

①被験者に椅子に腰掛けて楽にしてもらいます。机がある場合は、机の上に両手を出してもらいます。机がない場合は、膝の上に両手を置いてもらいます。後者の場合、以降の「机」を「膝の上」と読み替えてください。

②「両方の掌を机にぺたっとくっつけてください」と指示します。

③手を机に押しつけてもらいます。「あなたの手が吸盤になったと想像してください。吸盤を思い切り上から押すと、空気が抜けて、ぴたっとくっつきますよね。ぐっと手を机

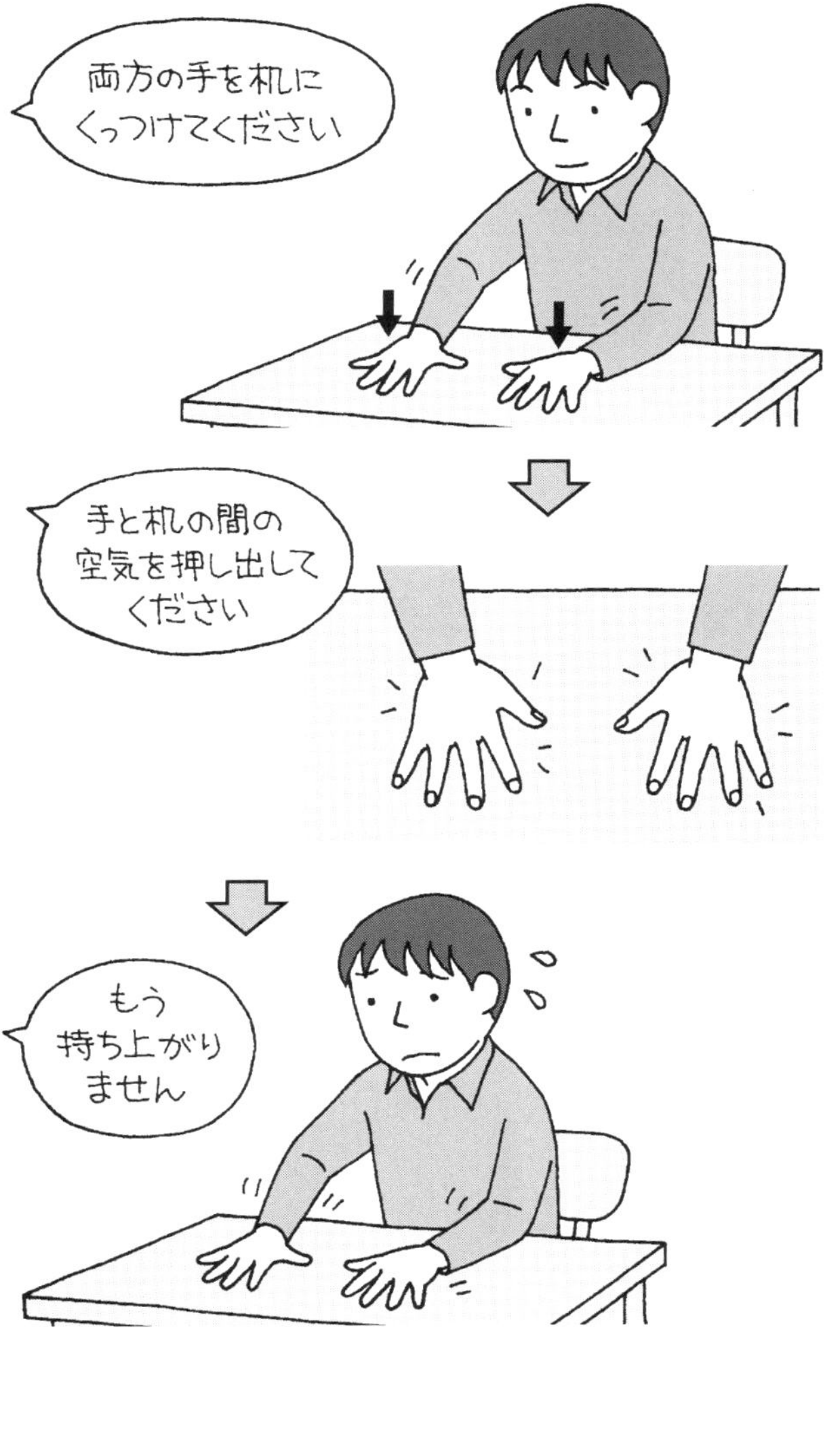
両方の手を机に
くっつけてください
手と机の間の
空気を押し出して
ください
もう
持ち上がり
ません

に押しつけて、手と机の間の空気を押し出してください」と伝えます。

④手が密着するという暗示を入れていきます。「手をぐっと押しつけていると、どんどん隙間がなくなっていきます。ぴたっとくっついていきます。吸盤のように密着して、持ち上げるのが難しくなってくることに気づきます」と伝えます。

⑤「ほら、もう持ち上がりませんよね？」と尋ねます。相手が腕に力を入れようとしたらすかさず、「持ち上げようとすればするほどくっついていきます！」と追い込み暗示を与えます。

⑥「一度手を叩いたら自由に手は動かせます」と伝えて、手を叩き、暗示を解きます。

▼メモ

「手が持ち上がらない」という暗示一つとっても、その表れ方は人によって異なります。右では「力が入り、手が机にくっついて固まってしまう」ようなイメージでスクリプトを構成していますが、人によっては「完全に手の力が抜けてしまって、持ち上げようという気にもならない」といった形で現象が起こることもあります。

そのような人の場合は、④から⑤にかけて、「持ち上げようとしても手が重く持ち上がりません」「手に力が入りませんし、無理に力を入れる必要もありません」などと、「重たい・力が入らない」ということを意識したスクリプトに変更するのも有用です。

被験者がどちらのタイプかは、暗示を伝えている最中の、手の様子から判断することができます。

指先までピンと伸びている、力が入って震えている、などの特徴がある場合は「**緊張**」しやすいタイプと考えられますし、指が丸まっている、手首や腕の筋肉にも力が入っていない、などの特徴が見られれば「**弛緩**」しやすいタイプだとわかります。

催眠の上達のコツは、被験者に合わせてスクリプトを柔軟に変化させていくことです。この暗示は「手の表情」を観察しやすいので、見極めの練習にちょうどよいでしょう。

声が出ない

「喋れなくなる」という暗示です。ジェスチャーを用いることで、催眠の成功率を高める方法を解説します。

▼手順

①「『あー』と声を出してみてください」と、声を出すことを被験者に促します。数秒程度、声を確認したら、「結構です」と止めます。

②「もし声が出なくなったら」と、言葉を切って、声が出ないフリをします。「……」喋ろうと口を動かしながらも、なぜか音が出ない、というような演技を見せます。適当なところで止めて「……こんなふうに、息はできますが、音だけが出なくなります」と伝えます。

③「それでは声に出しながら、365から数字を逆に数えていってください。365、36

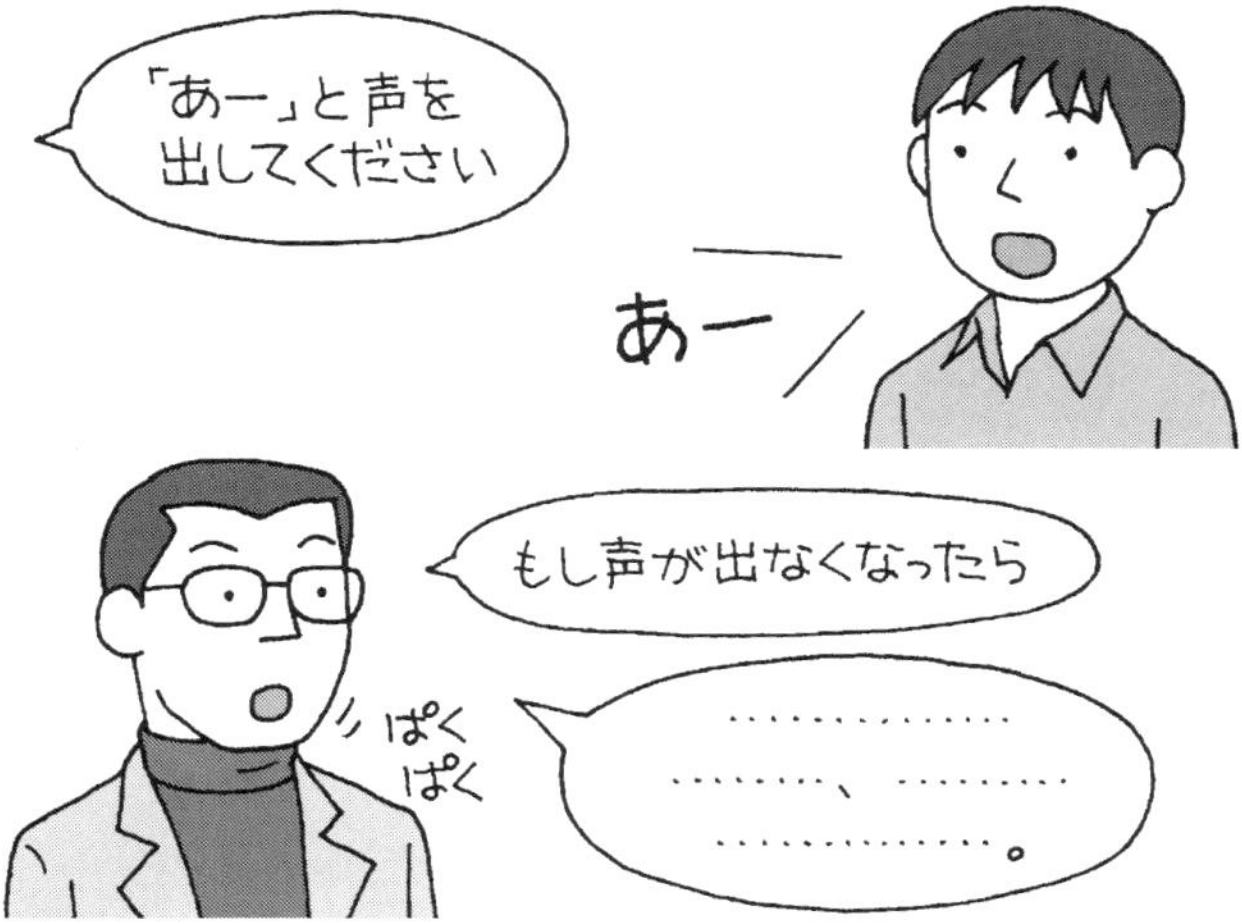
「あー」と声を出してください
あー
もし声が出なくなったら
ぱくぱく
………………、………………。

4、……」と促します。ここであげる数字は、キリのよくない3桁程度の数字であれば、なんでも構いません。

④相手が数字を数えている声にかぶせて、「そのまま数え続けながらで結構ですので、私の声を聞いてください。数字を数えていると、どんどん声が出しにくくなっていきます。声が小さくなっていきます。声を出そうとしても出にくい。なぜだか声がどんどん出なくなる」と暗示を畳み掛けるように伝えます。被験者の声が十分に小さくなってきたら、一度手を叩いて、すかさず「もう声は出ません」と伝えます。

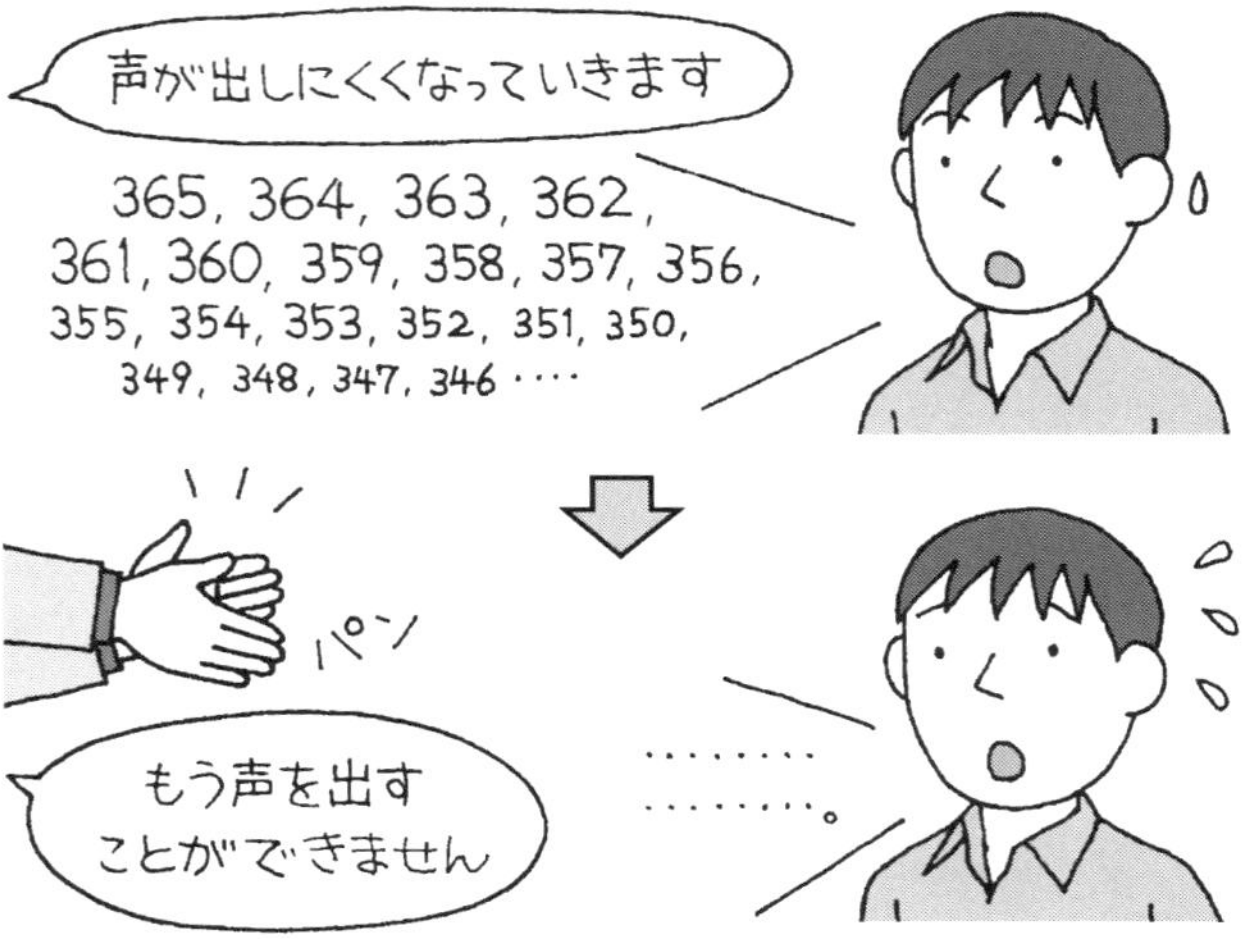
声が出しにくくなっていきます
365, 364, 363, 362, 361, 360, 359, 358, 357, 356, 355, 354, 353, 352, 351, 350, 349, 348, 347, 346‥‥
パン
もう声を出すことができません
………
………。

⑤もし声が十分に小さくならず、ずっと数を口に出しているようであれば、適当なところで「結構です」と切り上げます。すぐに「目を瞑ってください。いまから3つ数えると、もう声を出すことができなくなります。1つ、2つ、3つ」と数えて、手を叩き、「もう声を出すことができません！」と伝えます。

⑥「喋ってみてください」と促します。相手が口を開いたら、すぐにさえぎるように「声は出ません。喋ろうとすればするほど、どうやって声を出したらいいのかわからなくなります」と追い込みます。この時、「呼吸は楽にできますが、なぜか

声だけは出ません」と、必ず伝えるようにしてください。

⑦「一度手を叩くと、普通に喋ることができます」と伝えて、手を叩き、暗示を解きます。

▼メモ

大前提として、少しでも呼吸が苦しそうな様子が見えたら、即座に暗示を解くようにしましょう。また過呼吸を引き起こしたことがある被験者などに対しては、絶対に行わないようにしてください。

安全に気をつけてさえいれば、催眠を行う上でのポイントが多く詰まった暗示です。

催眠を行う上で、「その催眠に反応した人は、どんな状態になるか」を被験者に想像してもらうことは非常に重要です。どんな状態になるのかを、的確なイメージで被験者に伝えることができれば、暗示への反応率は高まります。そこで役立つのが「ジェスチャー」です。

②で「声が出なくなったジェスチャー」をしますが、ここは可能な限り想像力を働かして演じるようにしてみてください。最初、口を開いて何かを喋ろうとするが、なぜか音が出ない。どうして音が出ないのか不思議に思い、もう一度喋ろうとしてみる。やはり出な

い。混乱、焦ってくる……というプロセスを見せることで、「声が出ないとはどういう状態なのか」が被験者に伝わるのです。実のところ、このジェスチャーだけで、声が出なくなってしまう被験者も少なからずいます。それほどにジェスチャーは重要です。

③、④は混乱を利用する方法です。「大きな数字を逆に数える」という簡単なタスクに、「暗示の声に集中する」というタスクが重なることで、被験者は軽い混乱状態になります。**「混乱法」**と紹介されることもありますが、言葉だけ見るとやや紛らわしいかもしれません。混乱に陥れるのが目的というよりは、被験者の注意を一点に集中させるために「あえて簡単なタスクを行わせることで、注意資源を奪い、余計なことを考えにくくさせる」技法と捉えるのがいいでしょう。単調な高速道路をドライブするときに、音楽を聴いたり人と会話をしているほうが運転に集中できるということに似ています。

混乱法は有効な手法ですが、「簡単なタスク」のほうに注意が行きすぎると逆効果となるので、使用する状況は選びます。ここでも、あくまで「暗示を聞く」ほうが被験者にとって優先課題となるように意識しましょう。

③、④でうまく現象が起こらずとも、気にする必要はありません。⑤で改めて暗示を伝えるタイミングがありますので、何事もなかったように⑤に移ってください。

椅子から立てなくなる

椅子から立てなくなります。ここではより成功率を高めるために、「深化法」と呼ばれるテクニックとあわせて解説を行います。

▼手順

①準備として、背もたれがある椅子に座ってもらいます。キャスター付きなどの動きやすい椅子は不向きなので、避けるようにしてください。

②「両足の裏を床にくっつけてください。両手は膝（太腿《ふともも》）の上に軽く置いてください。背もたれに身体を預けてください」と伝えながら、被験者に椅子に深く腰掛けてもらいます。

③「それでは目を瞑ってください。これから、10から1まで数字を逆に数えていきます。それと同時に、あなたは深くリラックスして、体からどんどん力が抜けていきます」と伝

〈準備姿勢〉
目を瞑って
ください
背は
背もたれに
両手は
膝（太腿）の上に
足の裏は
床にぴったりと
10… 9…
力が抜けていきます。
8… 7… 6… とても
リラックスしています
手を叩いたら
目を開けてください
立とうとしてみて
ください。
もう立てません

えます。

④「10……9……息を吐くと身体中から力が抜けていきます……8……7……6……どんどん深く深く催眠に入っていきます……5……4……とてもリラックスした気持ちのよい状態です……3……2……1……すっかり力が抜けてしまいました。手を叩いたら目を開けてください」と伝えた上で、一拍置いて手を叩きます。

⑤ここで、【足の裏と床】、【背中と背もたれ】、【両手と膝（太腿）】がくっつく、という内容の暗示を与えます。

「いま、あなたの足の裏は床にぴったりくっついています。背中は背もたれにしっかりくっついています。もう離すことができませんし、無理に離す必要もありません。両手は膝（太腿）の上に置かれていますが、とても重く感じます。持ち上げようとしても、もう持ち上がりません。無理に持ち上げる必要もありません」と伝えます。

⑥立て続けに、立てなくなるという暗示を与えます。

「いま、あなたはどんなに太腿に力を入れても、立てないことに気づくことができます。立とうとしてみてください。（立とうと相手が試みた瞬間、さえぎるように）もう立てません！立とうとすればするほど、立ち方がわからなくなります」

⑦「私が一度手を叩いたらすっと立てます」と伝えた上で手を叩き、暗示を解きます。

▼**メモ**

「立てなくなる」という催眠は一見難易度が高そうに見えますが、「手が持ち上がらない」などの催眠が体験できる被験者であれば、容易に引き起こすことができます。

③④は、一般に**「深化法」**と呼ばれるテクニックです。数字を数えることによって、被験者が自らの内側に意識を向けやすくし、全身の脱力と集中を促すことができます。高い集中が求められる暗示の前などに用いると有効です。

ここで呼吸の重要性にも触れておきましょう。催眠を深めたり、力を抜いたりしたい時には、「息を吐く」のと同時に行うのが効果的です。相手が息を吐いたタイミングで「力が抜けていきます」など伝えると、より脱力が起こりやすくなります（なお覚醒法では逆に

「息を吸う」ことを促します)。

「立てなくなる」暗示は全身の脱力と紐づいており、深化法との相性がよいと考えられるため、ここで紹介しました。慣れてきたら、被験者の被暗示性が十分に高いと考えられる場合など、状況次第で深化法のパートは外しても構いません。

⑤では、**イエスセット**の活用を試みながら、「立てなくなる」準備の暗示を行っています。実のところ、⑤で伝えている暗示すべてに反応すると、それだけで人は立てなくなります。自分でも試してみてください。椅子から背中を離さずに立ち上がることはできないはずです。それもそのはず、「立つ」とは、重心移動によって達成される動作だからです。

子供向けの科学実験で、「椅子に座っている人の額に指を当てるだけで立てなくなる」というものがありますが、原理はこれと一緒です。上体を前に倒せなくなるだけで、人は椅子から立てなくなるのです。①でキャスター付きの椅子を外したのは、椅子が動くことで重心移動が可能になることを避けるためです。

なお、【背中と背もたれ】を離さずに無理に立とうとすると、手で椅子の座面を持って上体を持ち上げたり、足で床を蹴って立ち上がろうとしたり、「なんとか体勢を崩す」動作をとろうとします。こういった動きを防ぐために、【足の裏と床】、【両手と膝（太腿）】がくっつくという暗示をあらかじめ保険で入れています。被験者の様子を見て十分な弛緩や硬直が起こっていると判断した場合には、飛ばしても大丈夫です。
⑥で、ようやく「立てなくなる」という暗示を入れますが、ここでも「太腿に力を入れても立てない」「立ち方がわからなくなる」と伝えることで、「上体を前に倒して、重心を移動する」という正しい動作に意識が向かわないよう誘導をしています。

第5章　【実践編③】感覚・記憶暗示

握ったものを手放せないほど好きになる、水がジュースになる、自分の名前を忘れる……。感覚や記憶の暗示は、現象だけ聞くと、ほとんど魔法のようです。多くの人の「催眠」の印象も、このような現象にあるでしょう。この章では、感覚・記憶に関する、興味深い催眠をピックアップして紹介します。

こうした催眠を習得する上で、意識したいことは三点あります。

一つ目は「統計的に理解する」ということです。感覚・記憶にまつわる暗示が難しいのは、ひとつに、こうした現象を体験できる人の割合が少ないことが要因として挙げられます。たとえば「好きになる」は2～3人に1人が体験できる暗示ですが、「味が変わる」は4人に1人、「忘却」となると10人に1人程度です。ですので、催眠現象を起こすことができなかったとしても、すぐに諦める必要はありません。催眠を行う機会が増えたり、大人数を相手に行うタイミングがあるのであれば、自然と成功するケースも出てきます。

二つ目はこれまで以上に「被験者に寄り添う」ということです。催眠とは被験者との共同作業であり、施術者の役割はあくまでも導き手にすぎないということを、より一層意識してください。被験者ごとに、現象を引き起こすのに最適な暗示は異なります。唯一の正解はありませんので、ここで紹介するスクリプト（セリフ）をベースとしつつ、見極め次第でアレンジをしていってください。

三つ目は「丁寧に解く」ことです。「暗示を解く」ことと「催眠を解く」ことの違いを思い出してください。一通りの暗示を終えたら「催眠を解く」ことを最後に必ず行います。特に記憶に関わる技法を行った後には、数字をゆっくり数える、「覚醒法」を用いるなど、催眠に導くのと同じ慎重さで時間をかけて解いてください。

このように書くと、高度で難しそうに感じられるかもしれませんが、本質的にはここまで紹介してきた技法と大きく変わることはありません。被験者がより深い催眠状態を体験できそうだと判断した場合に、被験者の許可をとって試してみてください。ここで紹介する現象を一度でも目の当たりにすれば、催眠や人間の認知の面白さ、不思議さをより実感できるでしょう。

ペットボトルが好きになる

被験者にはペットボトルを持ってもらいます。見つめていると、どんどん好きになり、手放すことができなくなります。

▼手順

①「好きになるもの」を用意します。これは被験者の手に収まるサイズで、滑らかなもの（粗雑に扱ったり、強く握ったりしても被験者が怪我をしないもの）であれば、何でも大丈夫です。ここでは飲料の入ったペットボトルを例とします。

②ペットボトルを被験者に渡して、触ってもらいます。「表面を撫でたり、握ったりしてみてください。とても触り心地のよいボトルです。デザインも綺麗ですよね。冷たさもちょうどよくて、気持ちがよいです」などと、ボトルを「触る／見る」ことを促しながら、ボトルの特徴をポジティブな言葉で実況するように伝えます。

とても
触り心地のよい
ボトルです
そのボトルは
あなただけのものです
他の人に
とられたく
ありません

③徐々に暗示を与えていきます。「ちょうど自分の手に収まるようなサイズです。まるで自分のために作られたようなボトルです。自分が好きな感じの触り心地ですね。触っていると、どんどん好きになっていくような気がします。そうです。そのボトルはもうあなただけのものです」

「あなたのためのもの」ということを、言葉を尽くして伝えます。相手が十分にボトルに集中した頃合いを見て、「あなただけのもの」という決定的な暗示を入れます。

④「もう他の人にとられたくありません。誰かに触られると、嫌な気分がするかもしれません」と言って、ボトルに手を伸ばし、ごく軽い力で引っ張ります。この時にかすかでも抵抗を示されたら、すかさず「ほら、もう誰にも渡したくない。あなただけのものです」と再度暗示を伝えて強化します。

⑤先ほどより強い力で引っ張っても被験者がボトルを手放そうとしない、他人にボトルを触られるのに抵抗を示すことを確認したら、「一度手を叩いたら元に戻ります。もうペットボトルはどうでもよくなります」と伝えた上で手を叩き、暗示を解きます。

▼メモ

「好きになる」という暗示を与える上でのポイントは、被験者の独占欲を刺激するようにスクリプトを構成していくことです。「あなただけのもの」という暗示から「他の人には渡したくない」とつなげていくことで、単に「好きになる」とだけ伝えるよりも現象が引き起こしやすくなります。

さらに、④で「軽く取ろうとする」ことで、ほとんどの被験者で「ボトルを強く摑む」「渡そうとしないで自分に引き寄せる」などの抵抗が起こります。この反応に合わせて暗示を与えることで、現象の起こりやすさが増します。

この暗示を体験した際の被験者の反応として、「好きになったわけではないが手放せない」という報告もよく見られます。この場合、好意という感情の変性が起こっているというよりは、カタレプシーの一種と解釈したほうがよいでしょう。どのような変性の仕方をしているのかを見極めるためにも、催眠を行っている最中もしくは解いたあとで、被験者にどんな感覚かをインタビューすることを心がけてください。ここで明確に感情の変性が起こっていると判断できた場合には、感情にまつわるような暗示を続けたり、より深い記憶領域の暗示に進んだりしてもよいでしょう。

笑いが止まらない

掌を見つめていると、楽しくなってきて、笑いが止まらなくなってしまいます。

▼手順

①好きなほうの掌を目の前に掲げてもらいます。「掌のしわの模様をよく見てください」と伝え、掌を注視させます。

②「顔のように見えるかもしれませんし、あるいは他の模様に見えるかもしれません。よくしわの模様に注目してみてください。普段そんなにじっくりと見たことはないと思いますが、よく見るとおかしな模様ですよね」と、しわの模様に注意を向けさせます。

③掌が面白くなるという暗示を与えます。「ずっとしわを見つめていると、なんだかとても楽しく感じられます。掌を見ているだけで笑いがこみ上げてきます」

掌の
しわの模様を
よく見て
ください
なんだか
とても楽しく
感じられます
手の甲は
面白く
ありません
でも掌を
見ると思わず
笑ってしまいます

④「笑ってはいけないと思うほど、我慢できず笑ってしまいます。掌を目の前に近づけて見ると一層面白くなります。笑いがこみ上げてきます。どんどん楽しくなって仕方ありません」と追い込み暗示を与えますが、このとき、施術者も面白くて仕方がないといった様子で、笑いながら楽しげに伝えていきます。

⑤「手をひっくり返してみてください。手の甲は何も面白くありません」と伝えて手をひっくり返させますが、このときは、施術者も特に面白くもなさそうな真面目な口調で伝えます。「でも掌を見ると、とても面白いです。思わず笑ってしまいます」と再び楽しげに伝えながら手を返させて、被験者の表情が変化するのを確認します。

⑥「私が一度手を叩くと、元に戻ります」と伝えて、手を叩き、暗示を解きます。すかさず真面目な口調で「もう面白くもなんともありません」と伝えて、しっかりと解除を促します。

▼メモ

私たちの日常生活の中で、別段そこまで面白くもないのに、笑いの「ツボ」に入るということがあります。一度ツボに入ると、笑いを止めようとしてもなぜだか余計に面白くなってしまう。その感覚を再現するのが、ここで紹介した暗示です。

笑いの暗示で重要なのは「つられ笑い」を誘発する意識です。そのために、施術者自身が徐々に楽しくなっていき、つい笑いがこぼれてしまい、そして止められなくなっていく……という体《てい》で振る舞うことが大切です。

第2章の冒頭で、「施術者と被験者を、それぞれ別室でビデオカメラでつなぎ、映像越しに催眠を行う」実験を紹介しました。施術者から被験者の映像が見えていなかったとしても、ただ暗示を読み上げるだけで、被験者のことを見ながら催眠を行ったときと変わらない効果があったというものです。ところが、これには一つだけ例外がありました。それが「笑いの誘発」で、この暗示のみ、「施術者が被験者の映像を本当に見ている」ほうが有意に反応率が高くなったのです。

これは、**「情動の伝染」**が要因だと考えられます。

情動の伝染とは、ある人の情動およびその情動に関連した行為が刺激となり、類似の感情や行為が非意識的に生起する現象のことです。このような現象が起こる要因についてもさまざまな研究がありますが、一つには、「表情の同調」が重要であるという指摘があります。また笑いの伝染においては「笑いの自然さ」が鍵であるとの研究もあり、「本心から楽しくて笑っている」ような表情を施術者が浮かべられるかどうかが、この暗示の成功率に関わってくるといえるでしょう。

「笑い」以外にも「悲しみ」や「感動」など、さまざまな感情を催眠で誘発することができます。その際もまずは施術者自身が本心からそのような感情を抱いているという振る舞いで、暗示を伝えることを心がけてください。

手が温かくなる

握った手がどんどん温かくなってきます。

▼手順

①利き手を握って、目の前に掲げ、好きな爪を選んで見つめてもらいます。

②「一点に意識を集中していると、血の巡りがよくなるのを感じます。それと同時に、手がだんだんと温かくなっていくのを感じることができます」と伝えます。

③「最初は掌かもしれませんし、指先かもしれませんが、どこかが温かく感じられてくるでしょう」と伝えながら、被験者の反応を見ていきます。

④様子を見ながら、温かさが増していくという暗示を与えます。「手がどんどん温かくな

好きな爪を見つめてください
どこかが温かく感じられてくるでしょう
手がどんどん温かくなります。カイロを握っている感じかもしれません
カイロ

ります。温かいカイロを握っている感じかもしれません。あるいは手をストーブに近づけたときのように全体が温まっていくかもしれません。いずれにせよ、少しずつ全体が温かくなってきます。ぽかぽかしてきます」

⑤「少し熱いかもしれませんし、ちょうどいいと感じるかもしれませんが、もう少しその感覚に意識を向けていてください」と、温度変化の体感を促します。

⑥「私が手を一度叩いたら、もとの温度に戻ります」と伝えて手を叩きます。「手を開いてください。すっかり元通りです」と、完全に解除されたことを伝えます。

▼メモ

感覚暗示の難しさは、外からは現象が起こっているのかわかりにくいという点です。運動暗示は反応しているか一目瞭然ですし、禁止暗示も「できる／できない」とはっきり分かれるのですが、感覚暗示は被験者の主観的な体験だけで完結するために、うまくいっているのかどうかすぐにはわかりません。

そこで、被験者の内心の見極めが重要になってきます。今、手が温かくなってきているのか。それとも何も変化がないのか。表情から判断をすることが求められます。慣れないうちは判断も難しいので、「何か変化を感じたらうなずいてください」などの指示を与えておくのもよいでしょう。

感覚暗示で理解しておきたいことはもう一つあります。それはこれまで以上に現象がグラデーションで起こるということです。「カイロを握っているような感じ」「ストーブに手を近づけたときの感じ」など、表現を複数用いながら、徐々に被験者の抱いている感覚に迫り、それを強めていくという意識を持ってください。表現をいろいろ試すことは、被験者自身の言語化を促す上でも効果的です。現象が起こったら、「いまどんな感じですか?」と聞いて、被験者の感じている感覚の延長線上で暗示を与えていくことにしましょう。

たとえば「カイロに触れている感じ」と思っている被験者に対して、「ライターの火に手を近づけたときのように熱い」という暗示を与えても、想像しているものと飛躍があるため、うまく機能しません。それであれば、「そのままカイロを振るように手を振ってみてください。カイロは振るとだんだん温かくなってきます。熱くなってくるのを感じることができます」など、想像しやすい方向で、現象を強めていくようにしてみてください。

▼応用編

同じ方法で、手が冷えていくという催眠を行うことも可能です。この場合は⑥で手を開いたときに、「手を開くと、今度は手が冷えていくのを感じることができます」などと伝えて、暗示を与えていきます。基本は右のスクリプトを「冷たい」ものに代えればよく、具体例も、「エアコンの冷たい風が直接手にあたっているような感じ」「冷たい水の中に手を入れている感じ」など、いろいろ試してみてください。

なお「手を握る」と手の内に体温が籠もりやすいので温かく感じやすく、「手を開く」と外気や風に触れる面積が増えるので冷たく感じやすくなります。そのため、温感を与える暗示の場合は手を握ってもらい、冷感を与える暗示の場合は手を開いてもらうのが有効です。

水の味が変わる

水の味が次々に酸っぱく、甘く、変わっていきます。

▼手順

①コップ一杯程度の水を用意します。被験者に一口飲んでもらい、通常の水の味を確認してもらいます。

②水が酸っぱくなるという想像をしてもらいます。「レモンの果実を想像してください。みずみずしいレモンです。半分に切るととても酸《す》っぱそうな果汁が溢れてきます。そのレモンを思い切り水の中に搾ります」

③「水を一口飲んでみてください」と促します。被験者が水を口に含んだらすかさず「酸っぱいです。レモンのような酸っぱさを感じられます」と続けます。

④被験者の表情を見て、酸っぱさを感じていなさそうであれば「口の中で転がすように水を味わってください。そうすると、だんだん酸っぱさが強くなってくるのを感じることができます」と伝えます。

⑤被験者の反応を見ながら与える暗示を変えていきます。もし酸っぱさを感じている場合は「レモンの香りもしませんか。匂いを嗅ぐと、レモンの爽やかな香りがしてきます」など、嗅覚の変化についても訴えかけてください。味覚の変化が弱い場合には「水を飲むごとに、酸っぱさが増していきます」と、少量ずつ何度か水を口に含んでもらい、繰り返し変化を促します。

⑥被験者の感覚の変化がある程度定まったところで「次にもう一度私が手を叩くと、今度は水が甘く感じます。水に砂糖やガムシロップを入れると、甘くなりますよね。たくさん入れるところを想像してください」と伝え、すかさず手を叩き「一口飲んでみてください」と促します。⑤と同様に、被験者の様子を見ながら、追い込み暗示を与えます。

レモンを
想像してください。
そのレモンを
水の中に搾ります
水
酸っぱいです。
レモンのような
酸っぱさです
ガム
シロップ
手を叩くと
水が甘く
感じます
パン

⑦「先ほどの酸っぱさのほうがより強く感じたでしょうか、それとも今の甘さのほうがより強く感じるでしょうか」と問いかけて先ほどと比較しての味覚変化を確認します。

⑧「私が手を一度叩いたら、もとの水に戻ります」と伝えて手を叩きます。「水を一口飲んでみてください。何の味もしないただの水です」と、完全に解除されたことを伝えます。

▼メモ

味覚暗示も温度暗示と似た、グラデーションで変化が起こる暗示です。

ここで重要なことは、相手が想像しやすい感覚に訴えかけるということです。ここではレモンやガムシロップなどを使いましたが、被験者にとってもっと馴染みのあるものがあれば、変えてもかまいません。

この暗示では、変化が複数回起こります。

「味がない↓酸っぱい」「酸っぱい↓甘い」「甘い↓味がない」となり、どの部分の変化を大きく感じるかは人によってさまざまです。暗示を与えている最中はピンと来ていなくとも、解いて普通の水を飲んだ瞬間に「さっきまでと味が違う」と驚かれる場合も多くあります。あるいは、味覚についてはまったく変化がないのに、「レモンの香りは強くする」など嗅覚の変化は強く感じる被験者もいます。いずれにせよ、被験者がいちばん体験しやすい感覚に合わせて、変化を促すような暗示を与えていきます。

感覚変化ではこのような臨機応変さがこれまで以上に求められますが、ここで役立つのが「被験者に起こった変化をすべて肯定する」という原則です。どうしても達成したい現象があったとしても、まずは被験者にいま起こっている現象を肯定し強めていくという柔軟なアプローチのほうが、結果的に上手くいくことが多いです。このような考え方は、**「利用アプローチ」**と呼ばれます。重要な概念ですので、第6章で提唱者のエリクソンの考え方を辿りながら詳しく紹介します。

▼応用編

このような味覚暗示に反応する被験者の多くは、単なる酸っぱさや甘さではなく「好きな味に変える」ということも体験できます。

その場合は、「嗅覚」「味覚」「触覚」の3点に訴えかけ、被験者の味の記憶を呼び起こすように鮮明に描写することがコツです。たとえばコーヒーの場合であれば、「**コーヒー**

の味を思い出してください。あのふくよかな芳《こう》ばしい香り。一口含むと、気持ちのよい苦さと、ほのかな甘さや酸味も感じるかもしれません。一度手を叩くと、そのコップの中身はコーヒーです。一口飲んでみてください」などと伝えます。コーラの場合であれば「コーラ特有の甘い香りを思い出してください。一口含むと、強い甘さと、酸味、爽やかさを感じます。口の中でパチパチと弾ける炭酸の感じもします」と言及してみましょう。

コーヒー、コーラ、お茶などのメジャーな飲み物について滑らかに暗示を与えられるようになれば、大抵の味を克明に描写できるでしょう。被験者にとって馴染みがある味ほどこの暗示は成功しやすいので、「好きな飲み物はなんですか」と聞いて、返ってきた答えに合わせてその場で暗示を作っていくようにしてみてください。

自分の名前を忘れる

被験者が、自分の名前を忘れ、思い出すことができなくなります。

▼手順

①被験者に目を瞑ってもらいます。「あなたの目の前には黒板があります。利き手でチョークを持って、縦長の丸を大きく黒板に書いてください。そうしたら、その丸の中に、自分の名前を書き込んでください。そうです、あなたの名前を書いて、書き終わったらチョークを置いてください」と伝えます。この時、相手がイメージの中で名前を書き終わっているかどうかを推し量りながら、適切な間をとるようにしてください。

②続いて、「もう片方の手で黒板消しを持ってください。黒板消しを持ったら、目の前にある白い丸の内側に書いてある文字を、完全に消してしまってください。そうです、消して……消して……すっかり消えてしまいました」と伝えていきます。

③「今、あなたの目の前には、真っ白な丸だけが書かれています。手を叩く音を聞くと、この状態のままで目を覚ますことができます」と伝えて手を叩き、被験者に目を開けてもらいます。

④「あなたの名前は?」と聞いた直後に、さえぎって「私の名前はわかりますか?」もしくは誰かその場にいる別な人を指して「彼/彼女の名前はわかりますか?」と聞きます。答えたら、再び「あなたの名前は?」と聞き、忘却が起こっていることを確認します。この時にもし答えられそうな様子を見せている場合には、す

かさず「思い出せません。思い出そうとするとモヤがかかったように頭の中から消えていきます」などと追い込みます。

⑤再び目を瞑ってもらい「あなたは再び黒板を見つめています。見つめていると、白い丸の中に、文字が徐々に浮かび上がってきます。あなたの名前のようです。手を叩く音を聞くと、催眠からすっかり解けた状態で目を開けることができます」と丁寧に暗示の解除を行います。

▼メモ
忘却の暗示が体験できるのは、10人に1人といったところです。誰に対しても起き

るわけではありませんが、ここまで紹介したような感情・感覚の暗示に対して十分に反応が起こっている被験者は、このような驚くべき現象も体験できる可能性があります。

忘却の暗示の体験は、人それぞれ異なっています。インタビューをしてみると、「文字の形は思い出せるが、どう読めばいいのかわからない」という人もいれば、「文字の形も発音もわかるが、なぜか喋ろうとすると声が出ない」人、「本当に何も思い出せない」人など、さまざまです。被験者がどのレベルで忘却の体験をしているのかについては、催眠の最中もしくは後で、ヒアリングをしてみてください。

なおこの暗示を与える際、目を瞑った被験者に対して、まぶたの上から眼球の動きを確認してみましょう。「黒板」の情景を伝えているときに、眼球が動いている様子が観察されると、被験者はしっかり「想像上の黒板を見ている」と解釈できます。

▼応用編

同じような手法で、「数字の忘却」も引き起こせます。その場合のスクリプト例です。

被験者に目を瞑ってもらった状態で、①～③の暗示を、「あなたの目の前には黒板があります。黒板には数字がチョークで書かれています。左から順番に、0、1、2、3、4、5、6、7、8、9と書かれています。6と8の間の数字に注目してください。左手で黒板消しを持って、それをすっかり消してしまってください。消して……消して……完全に消えてしまいました」というふうに変更します。

暗示を伝えた上で目を開けてもらい、「2＋3はわかりますか？　2＋4は？」と聞いて、正しく答えが返ってくるのを確認した上で、「2＋5は？」などと聞きます。反応に遅延が見られたらすかさず、「思い出せません」と追い込み暗示を与えます。

第６章　【応用編】催眠を自由に使いこなす

応用編では、実践をある程度踏まえた読者に向けて、より進んで「催眠」を自由自在に使いこなすための理論を紹介します。

催眠がうまくいかなかったときにどうすればいいのか。自分で好きに暗示を組み立てるには、どう作ればいいのか。催眠の考え方は、どのように日常に応用できるのか。そんなときに役立つのが、「現代催眠」と呼ばれるエリクソンのアプローチです。

現代の催眠の実践において、エリクソンのアイデアは至るところに浸透しています。これまでに紹介してきた催眠のスクリプト（セリフ）や流れについて、もう一段踏み込んで考えることで、現代的な視点を手に入れましょう。

最後には、これまで扱わなかった「自己催眠」の考え方について紹介します。本書を通じて催眠の知識を学び、実践の技法を覚えてきた人にとっては、その理解も早いはずです。自己催眠の中でも特に用いられることの多い「自律訓練法」というメソッドを紹介して、自己催眠特有の考え方を見ていきます。

1　上達のためのアプローチ

暗示を自由自在に使いこなす「現代催眠」

本書の実践編では、基本的に「決められたスクリプト」を用いるアプローチを紹介してきました。

自分で試す中で「スクリプトを読み上げたけれどうまくいかなかった」という人もいるでしょうし、慣れてきて「もっと自分なりの催眠スクリプトを作っていきたい」「ここで紹介されている以外の暗示もやりたい」と思われた方もいらっしゃるかもしれません。

上達の鍵は、「柔軟さ」を手に入れることです。

定まったスクリプトで型を覚え、その根底にある原理原則を肌身で理解することで、その場で自由自在に暗示を組むような応用が利くようになってきます。

ここで役立つのが、「現代催眠の父」と呼ばれるミルトン・エリクソンの考え方です。

エリクソンは20世紀最高の催眠の臨床家であり、その画期的なアプローチは現代の催眠に大いに影響を与えました。それまでの、いわば「古典催眠」が定められたパターンに則ったものであったのに対して、エリクソンによる催眠は患者の一人ひとりを観察した上で作られる、オーダーメイドの処方箋のようなものでした。彼から影響を受けた柔軟な催眠の方法は**「現代催眠」**と呼ばれることもあります。

臨床の領域で多くの成果を残す一方、エリクソンは自らの催眠理論をわかりやすく体系立てた形で構築しようとはしませんでした。エリクソンの理論はその後、彼の指導を受けた人物を中心に多くの実践家や研究者によって分析されていますが、簡単に要約できない「非マニュアル主義」こそがエリクソンの本質であるため、初学者にとってはどこから取りかかればいいのかわかりにくいのが難点です。

それでも取り組む価値はあります。エリクソンの考え方を紐解いていくことで、催眠を自由自在に使いこなせる応用力が身につきます。さらにエリクソンについて学べば、催眠のスクリプトの理解度も一段と高まります。彼の考え方がベースとなった技法や理論が現代の催眠ではいくつも見られるからです。

催眠のレベルを一段上げるために、本書の最後のまとめとして、エリクソンについて概観しておきましょう。

エリクソンの利用アプローチ

暗示を与えても期待した反応が返ってこなかったときに、どうするか。これは催眠を行う上で必ず直面する課題です。

エリクソンの考え方とは、被験者がどのような反応を示したとしても、それを肯定し利用するというものです。これは**「利用アプローチ」**と呼ばれます。

腕の下降の催眠を例に、具体的に説明しましょう。「腕が重くなっていきます」という暗示を伝えたときに、被験者から「まったく腕は重く感じません」という反応が返ってきたとします。その時に施術者が「いや、重くなってるはずですよ」といくら繰り返しても、実際に被験者にとっては重く感じられていないのだから、その言葉は被験者の感覚を否定するだけになってしまいます。

それよりはむしろ「腕が重くなっていない」という今の状況を肯定して、「腕を持ち上げ続けているのに重くならないんですね。もしかしたら腕が軽く感じられているのでしょうか」と、腕の浮上につなげていったほうが無理なく現象は実現するでしょう。あるいは被験者から「重くはないんですが、なんだか手が温かくなってきた気がします」などと、まったく別の変化が報告されたのであれば、それに対して「その温かい感じが、だんだん強まってくるかもしれません」と、起こった変化を肯定する方向に暗示を切り替えていくこともできます。

被験者に起こったどんな反応も利用するとは、被験者を否定することなく、許容し続けるということです。もちろんエリクソンの場合には、種類を問わず単に催眠現象を体験できればいいというわけではなく患者の治療という目的がありますから、許容の連鎖の中で結果的に治療につながるような道筋を探索していくのです。

このような治療におけるエリクソンの手法はしばしば、解決志向であると言われます。以前に用いた登山の喩えを再び持ち出せば、エリクソンの場合は「目指すべき頂上が見えない」ところからのスタートということになります。登山者（被験者）の歩きたいように自由に歩かせながら、一緒に頂上（目的）を発見していくのが、エリクソンのアプローチだと言えるでしょう。

「利用アプローチ」を心がけた催眠を練習していると、日頃の会話の中でも相手を否定しないような話の進め方を意識して行えるようになってきます。催眠がコミュニケーションの技法であると実感できる、一つの好例です。

2　暗示文を読む力をつける

相手を否定しない「間接暗示」

第3章〜第5章の実践編でさまざまなスクリプトを書いてきましたが、一見当たり前のことを言っていたり、回りくどく伝えていたり、「催眠独特の語り方」を不思議に感じられたかもしれません。

こうした話法の多くも、エリクソンの影響を受けています。言葉選びのロジックを知ると、自分なりにスクリプトを変えたり作ったりするときに、大いに参考になります。背景にある考え方は、利用アプローチと同じく「いかに相手を肯定するか」というものです。

被験者を肯定するということを突き詰めて意識すると、そもそも「腕が重くなっていきます」というような暗示自体も見直す必要が出てきます。そのような暗示を伝えた時点で、「腕が重くならない」人にとっては、現実と一致しない言葉になってしまうからです。

そこでエリクソンは、常に被験者に肯定されるようなスクリプトを心がけます。たとえばこの場合であれば、「腕の重さを感じることもできます」ないしは「腕の重さが感じられるかもしれません」と間接的にいえば、もし腕が重くならなくとも、嘘にはなりません。誰にとっても当てはまるスクリプトであり、被験者のどんな反応をも許容することになるのです。

エリクソンによる催眠の話法は**「間接暗示」**と呼ばれます。直接的な暗示をさらにオブラートに包むように、より深いところに意図を忍ばせていきます。

どうやったら、暗示を否定されないのか。少しハードルの高いことを、いかに飲み込んでもらうのか。コミュニケーションの中で相手の「無言の肯定」を引き出すこの考え方は、日常や仕事への応用も利くでしょう。

ここでは、中でも最も多用される「自明の理」と「前提」というアイデアを紹介します。言葉の技法としての催眠の奥深さを、味わってみてください。

「自明の理」——当たり前のことを伝える

被験者に絶対に否定されないよう「当たり前のこと」を伝える、という技法です。そんなものがテクニックになるのか？　と思うかもしれませんが、実はいろいろな使い途を持った、習得する価値のある概念です。

もちろん、当たり前であれば何を言ってもいいというわけではなく、意味のある使い方はある程度限られています。

具体的な暗示文をもとに、「自明の理」にどういう用途があるのかを見てみましょう。

「(1)あなたの足は床についています。(2)あなたの背中は背もたれについています。(3)あなたは身体を重く感じるかもしれません。(4)そしてあなたは、いつの間にか椅子から立ち上がれないことに気づくことができます」

一つは**ページング**です。「歩調を合わせる」くらいの意味で捉えてください。(1)(2)は単なる観察事実の描写ですが、これらの自明の理を口にすることで、「被験者の状態」と「施術者が伝える言葉」を一致させることができます。

第2章の後半、「催眠のスクリプトを理解する」で説明したように、催眠を行っているときには被験者とのコミュニケーションが生じていると考えます。

被験者が何も喋らない状態で「無言の会話」が成立するためには、被験者が（いいえ）

と思うような引っ掛かりを極力減らすことが必要です。そのために、自明の理を用いて、被験者とのペースを合わせていくのです。

続いて、**注意の誘発**です。

自明の理によって、被験者がそれまで意識していなかったような、自らの内側の感覚に注意を向けることができます。暗示で達成したい感覚の変性に少しずつ近づいていくため、被験者の注意を目指す内的な感覚に誘《いざな》っていく。登山の例で言えば、「あちらに登る道がありますよ」とそっと気づかせるようなものです。

(3)は「身体を重く感じる」ということに注意を向けています。なお「身体を重く感じます」では自明の理にならない（重く感じない人もいる）ので、冒頭でも紹介したように、絶対に否定されない形に文を書き換えます。

「〜感じるかもしれません」「〜感じることもできます」

こうした、被験者から否定されないように作った言葉を**許容語**と呼びます。

「禁止暗示」の中で解説した**イエスセット**も、実は自明の理を利用した技法です。自明の理を重ねていくことによって、続く達成したい暗示に対しても肯定的な反応を引き起こすことができるのです。⑴〜⑶の「自明の理」に心の中で（はい）と答えていると、⑷に対しても反射的に（はい）と答えてしまうという理屈です。⑷だけいきなり伝えると（そうか？）と思ってしまうところを、その暗示に辿り着くまでに（はい）のリズムを作っていくことで、疑問に思うことなく飲み込ませてしまうのです。

感覚の変性を引き起こす暗示は、それだけ取り出して伝えると、（はい）という答えが返ってきにくいものばかりです。いきなり「あの崖に登りなさい」と言うようなものでしょう。

自明の理をいくつか重ねることで少しずつ道を登っていき、一瞬おやっと思うような暗示に対しても、抵抗なく肯定を引き出して辿り着く。優れた催眠とは、うまく滑らかな道を示すことです。

「前提」――すでに確定したこととして伝える

起こしたい反応を前提とした文章を伝えるという技法です。

たとえば「あなたの腕がいつ重くなるのかわかりませんが」という文章は、「腕が重くなる」のはもう確定したこと（前提）で、いつ起きるかどうかだけがわからないという意味の表現になります。

このように、「起こしたいこと」をあたかも前提のようにして語ることで、被験者に抵抗なく、その前提を飲み込ませてしまうのです。

ダブルバインドと呼ばれる、二者択一の選択肢を被験者に投げかけながら、何らかの前提を肯定させる方法が有名です。

具体例を挙げましょう。「目を閉じて催眠を体験したいですか、それとも目を開けて催眠を体験したいですか」という問いかけが投げかけられたとき、被験者はどちらで答えても「催眠を体験したい」という前提を暗黙のうちに飲み込むことになります。「右手のほうが重く感じますか、左手のほうが重く感じますか」と問われたら、答えによらず「手が重くなる」ことを自然と認めることになります。このように「被験者に肯定させたいこと」を前提として作る二択の質問文を、ダブルバインドといいます。

エリクソンのメソッドの中では、他にもいろいろなテクニックがあるのですが、ここで紹介した「自明の理」と「前提」は、とりわけ重要なものです。

エリクソンは生前、多くの治療を通じて、臨床のスクリプトを残しました。そのようなスクリプトを読み解く研究は今も臨床家たちによって行われています。エリクソンに限らず、催眠が上手い人の言葉には、行き届いた配慮が埋め込まれています。より上達したいという方はぜひ、そのような優れたスクリプトにあたって研究してみてください。

3　自己催眠を習得する

自己催眠の難しさ

本書ではこれまで、施術者が被験者に対して催眠を行う方法を紹介してきました。そうした技法を習得すると、次に興味関心が出てくるのは、自分で自分自身に催眠を行う方法、すなわち「自己催眠」だと思います。

ここまでの議論で、催眠が「被験者側」の能力であるということを繰り返し書いてきました。だとすれば、「自己催眠」という言葉も、少し不思議に感じるかもしれません。

実際に催眠理論研究の第一人者であるアーネスト・R・ヒルガードは「すべての催眠は自己催眠である」という考えを示し、「催眠術師による催眠」とは、単に自己催眠を引き出しているだけとさえ述べています。

ただし、自己催眠と他者による催眠で、まったく同じ現象が実現できるかというと、そこには課題もあります。他者による催眠において被験者は与えられた暗示を処理するだけでよい一方、自己催眠においては「暗示を自らに与える」ことも行わなければいけません。催眠には十分な注意の集中が必要ですが、「暗示を自らに与え／処理する」ことを同時に行う自己暗示は、この点で難しさを孕《はら》んでいます。

もう一点、自己催眠には「解除」につきまとう問題もあります。普通であれば被験者は、どのような現象が起ころうとも、最後は施術者が必ず解いてくれるという安心感に身を委ねることができます。自己催眠では、そうはいきません。たとえば「椅子から立てなくなる」という催眠を自らに行ったとき、もしもそれが解けないかもしれないという疑念を抱いてしまうと、疑いを追い払ってくれる人はいないのです。パニックに陥り、金縛りのような状態になってしまうとも限りません。

一つ、苦い思い出を語らせてください。私はかつて友人を喪《うしな》ったとき、辛さから逃れようとして自らに自己催眠を行ったことがあります。「呼吸が楽になる」「全身が重くなる」など、順調に感覚の変性を起こしていき、最後に「その人のことを忘れる」という暗示を自分に与えました。「思い出そうとしても思い出せない」、そう自らの内に繰り返して、もう名前を思い出せなくなったと安堵《あんど》したときに、突如呼吸ができなくなるような苦しさを覚えました。人生で初めて過呼吸になったのです。

その時はすぐに病院に運ばれてことなきを得たのですが、あとで深く反省したものです。忘れてはいけないことがある。自分で自分をコントロールしようとして、踏み越えてはいけない一線がある。

決して無理な自己催眠は行わないよう、あくまでも限度をわきまえた上で、学んでいただければ幸いです。

自己催眠で意識したいポイント

自己催眠を習得する上でもっともよい方法は、逆説的ながら、信頼できる他者に催眠を行ってもらうことです。

第2章の「施術者の役割」で解説したように、催眠における施術者は、登山におけるガイドのような役割を果たしています。

「手が固まる感じ」と言われても普通はどうやってそこまで辿り着けるのかわかりません

が、「手が固まる感じ」への道のりを施術者の誘導のもとに一度辿れば、次からは自分一人でも同じ状態に入れることもあります。ガイドに連れられ一度登った山は、二度目は自分だけで登れるようになる。同様に自己催眠においても、まずその暗示を誰か他者に導いてもらったほうが早いのです。

以上を踏まえた上で、自己催眠を習得しようと試みるのであれば、次のようなことに気をつける必要があります。

●自己催眠の解き方を真っ先に覚えておく
●不安や恐怖をともなう暗示は避ける
●慣れないうちは、催眠についての知識をもった他者の近くで行う

自己催眠についての解説は巷《ちまた》に流布していますが、信頼性と安全性が担保されたものは決して多くはありません。定評のある自己催眠の方法として、「自律訓練法」を紹介しながら、自己催眠を行う上でのポイントを押さえてみましょう。

4　自律訓練法のエッセンス

自律訓練法の登場

自律訓練法は、20世紀ドイツの精神科医であったヨハネス・ハインリヒ・シュルツによって提唱された自己催眠の方法です。

上達していく過程が実感しやすい、危険性の高い暗示が含まれていない、解き方が明確であるなど、自己催眠を学ぶ上で参考になる要素が詰まっています。

20世紀前半、フロイトが催眠から離れて精神分析の理論構築に向かっていたころ、ドイツの大脳生理学者であるオスカー・フォークトは、催眠による治療を研究する中で、「治療のための暗示」がなくとも、催眠状態を体験することそれ自体に疲労回復や心身のリラックスなどの効果があるということを発見しました。さらに彼は、そうした「催眠状態」は、患者が自分の力だけで入ることができるということを知ったのです。

この彼の研究を受けて、それを発展させていったのがシュルツです。

彼は「催眠状態」を体験した患者の多くが「身体の重さ・温かさ」を感じるということ

に注目しました。そこから「身体が重くなり、温かく感じられること」こそが催眠状態なのではないか、それは患者だけでも達成できる状態ではないかという考えにもっていきます。

そうして1932年、彼の理論は「自律訓練法」という名称で発表されます。以来、彼が亡くなる1970年まで、繰り返し改訂され理論が整理されていきました。

自律訓練法は、ストレスや不安の緩和、仕事や勉強の能率向上に効果があるとされています。加えて自己催眠の効用として大きいのが、「自己効力感」の高まりです。自身の感覚を自ら変容させられるという体験を繰り返し、上達していくことによって、自分はセルフコントロールができるという確信が生まれてくるのです。

自律訓練法の標準練習

それでは、自律訓練法の実際を見てみましょう。

自律訓練法を行う場合には、外界からの刺激が少ない静かな場所を選びます。腕時計など邪魔な身体の装飾品を外し、空腹や尿意なども避け、少しでも意識が逸れそうなことをあらかじめ排除しておきます。

その上で、椅子に楽に腰掛ける、もしくは仰向けに寝そべるなど、リラックスしやすい体勢をとります。

準備が整ったら、「公式」と呼ばれる暗示文を心の中で順番に唱えていきます。

自律訓練法の中でもっとも基本的とされる「標準練習」で用いられる公式は、以下の7種類です。

背景公式（安静練習）：気持ちがとても落ち着いている。
第1公式（重感練習）：両腕両足が重たい。
第2公式（温感練習）：両腕両足が温かい。
第3公式（心臓調整練習）：心臓が静かに規則正しく打っている。
第4公式（呼吸調整練習）：楽に呼吸をしている。
第5公式（腹部温感練習）：お腹が温かい。
第6公式（額部涼感練習）：額が涼しい。

練習では、これらの公式を右から順に心の中で暗唱していきます。

この標準練習は、単に主観的に感覚の変性を体験できるだけではなく、実際に生理的な変化をもたらします。たとえば「第2公式」や「第5公式」の温度に関する暗示を行っているときにサーモグラフィで測ると、体表面の温度が上昇し温かくなっているのがわかります。

もちろん、通常の生理反応を超えた反応が起こることはありませんので、安心して進めてください。主観的に過剰な反応（耐えられないほど熱すぎるなど）が感じられたり、不安を覚えたりする場合は、無理に続けず中断するようにしましょう。

標準練習の進め方

自律訓練法のイメージを膨らませるため、具体的な練習の流れを紹介します。

①楽な姿勢をとり、目を閉じて数回、深呼吸を行います。

②背景公式の「気持ちがとても落ち着いている」という言葉を、心の中で、自分のペースで4〜5回ほど繰り返します。回数は厳密でなくとも構いません。実際に落ち着いて

きたのを感じられたところで、次のステップに移ります。なお「落ち着いている」状態にそんなに簡単になれない、むしろ落ち着かないという場合は、飛ばして「第1公式」から始めても大丈夫です。

③続いて第1公式の暗示を心の中で繰り返していきます。このとき、いきなり両腕両足すべてが重くなると考えるのではなく、右腕など特定の部位に意識を集中してまず重さを感じられるようになることを目指し、「右腕が重たい」と、先ほどと同じく4～5回ほど繰り返します。すぐに感じられるようであれば回数を減らし、なかなか感じられないようであればさらに繰り返します。

このときに、実際に重く感じるかもしれないですし、「力が抜けた感じ」や「自分のものだと思わない感じ」、「無理に持ち上げようと思わない感じ」として現れるかもしれませんが、いずれにせよ感覚の変化を感じられることが目標です。

④右腕の重さを感じ取れたら、続いて左腕、右足、左足と意識の向け先を変えながら、順次「重たい」という暗示を繰り返していきます。なおこの際、最初の「右腕」が重く

なりにくく感じて次に進まないようであれば、左腕や足など、自分が体感しやすい部位から順番に行うので構いません。最終的に、両腕両足が重くなっているのを感じます。

⑤最後は「**消去動作**」と呼ばれる、催眠の解除を行って訓練を終えます。

まず両手に少し力を入れて、数回握ったり開いたりします。続けて、両腕を数回屈伸します。最後に大きく背伸びをして、深呼吸をし、目を開けます。

仮に訓練をなんらかの理由で中断する場合でも、欠かさないように心がけます。消去動作を行っても、まだ倦怠感《けんたいかん》などが残っている場合は、再度同じ動作を繰り返して、確実に元の状態に戻って終えるようにします。

⑥第1公式がうまく体感できたら、次回行うときには背景公式と第1公式に加えて、第2公式も同じような要領で練習していきます。このような調子で、一つの公式が十分に体感できたら次の公式も組み込むというステップで、訓練を進めていきます。

自律訓練法は最初からすべての現象が実現されることを目指すわけではなく、毎日繰り返し行うことで、体感できる公式（暗示）を増やしていきます。訓練することで、それぞれの公式が実現するまでの時間も徐々に早くなっていきます。

ここでは自律訓練法のエッセンスを紹介しましたが、実際にはさらに細かく、理論や応用が研究されています。自己催眠に興味のある方は本書を足がかりに、より詳細なテキストや専門家にあたってみてください。

おわりに――催眠のない世界

本書を通じて、催眠の理論と実践を見てきました。催眠にかかっていた「怪しさ」という霧が晴れたいま、最初とはまったく違った光景が広がっているのではと思います。誰もが絶対に体験できるわけではないのかと残念に思われたかもしれませんし、人によるとはいえ本当にここまでできるんだと驚かれたかもしれません。決して万能ではない催眠の、正しい射程を伝えられていたら幸いです。

催眠について知ることは、催眠による現象を自身で体験するのと同じくらいに、発見を与えてくれます。そしてまた、人間の認知について、新たな問いを次々に運んできます。

人の感覚は暗示によって容易に変わります。その上、暗示によって生まれた感覚と本物のそれを区別することは、実際には非常に困難です。そもそも、「本物」とは一体何なのでしょうか。区別できないのだとしたら、その二つに差はあるのでしょうか?

数年前、「幽霊が見える」という方に催眠を行う機会がありました。このとき試みに、普段と同じ幽霊が見えるという暗示を与えてみたのです。「まったく同じです」とその人は、幻覚を目にして言いました。日頃、その人の世界を苛《さいな》む幽霊が、等しい感覚を伴って、催眠によって目の前に現れる。私はそれを「幻覚を見ることができる被暗示性を持っている」と捉えますが、どのように解釈するのかは、最後はその人だけの領域です。

思考や感情においても催眠はその絶対性を揺らがせます。人によっては、長年親しんだ「自分の名前」や「数字」さえも思い出せなくなるのです。目の前のどうでもよいものを、わずか数分で手放せないくらい好きになることだってあります。しかしそれは、催眠という特別な状況においてのみ起こることでしょうか。私たちは日常の中でもさまざまな思い込みや信念を抱いて生きています。思い込みによって考えがロックされるとき、それは確かに現実に影響を与えます。

そう考えていったときに、自分の記憶がまた一つ、思い出されてきます。

高校の体育の時間、普段は何の意識をせずともこなせる跳び箱を前に、「うまく跳べないかもしれない」という不安がよぎったことがあります。それは唐突に降りかかってきた予感でした。走り出し、踏切板に足をかけた直後、決定的にタイミングがズレたことを悟りました。気づいたときには床に倒れており、しばらくして骨折の痛みがやってきました。

そのような「予感」は、多かれ少なかれ、大抵の人が体験していることだと思います。

大切な面接やスピーチを目前に「緊張しそうだな」と考えると、心臓の鼓動が速くなり、頭が真っ白になる。

お酒の席で「今日はそんなに飲めないかもしれない」と思っていると、少し飲んだだけで限界がきてしまう。

これから起きることに予感を抱きすぎると、それは実現してしまうのです。もちろん、ネガティブなことばかりではありません。

「いま、楽しそうな顔しているよ」と言われたら、本当にいっそう楽しくなってしまう。

「三つ星レストランの料理だよ」と言われて食べれば、きっとその料理は美味しく感じる。

ささやかな期待が現実を塗り変えていく、そのような豊かさもまた日々の中にあります。

これらをすべて「催眠」だけに還元することはできないでしょう。さまざまな要素が複合して、そうした感情や感覚の変性は起こっています。しかしそのうちに、催眠が関わっていないと断言することは、果たしてできるのでしょうか。

本書の序盤で、以下のような催眠の定義を掲げました。


催眠とは「**知覚や感覚、感情に関して、何か変化が起こるという期待があったときに、**

実際にその変化が実現する現象」のことです。

この定義の中に、「暗示」という言葉を含まなかったのには、理由があります。

催眠と近しい現象は、もっと日常的に、当たり前のように起こっているのではないか。10年間、催眠というものに触れ考えてきた中で、そのような思いを抱くようになってきたのです。そうした視点で見渡してみると、理解ができる心理現象の多さに驚きます。

催眠とは、言葉の技法です。

私たちの身の回りは言葉で満ちています。他者からの言葉もあれば、自分自身に語りかける言葉、まだ言葉になる前の言葉さえもある。世界に飛び交う多くの言葉は、人々の感覚を、思考を、現に変えています。

催眠も、暗示という特別な用語もないところで、私たちの世界はそれでも「催眠」に溢れている。

催眠現象が完全に解明されるのには、まだ時間がかかりそうです。これもまた催眠に関する一つの問いとして、残しておくことにしましょう。

残されたページをいただいて、本書の刊行にあたってお世話になった方々にお礼を申し上げたいと思います。

東京大学・大学院総合文化研究科の開一夫《ひらきかずお》教授には、学術面のみならず総合的な視点からご指導いただきました。本書の内容の多くは、在学中に開研のもとで学んだことがベースとなっています。

実践パートに関しては、第一線で活躍する催眠術師で、私が最初に催眠を教わったBirdieさんにご監修いただきました。Birdieさんとの出会いがなければ催眠についてこれほど惹かれることはありませんでした。

本来とっつきにくい催眠の解説が馴染みやすく感じられたとしたら、それはイラストレーターの松本剛さんのおかげです。わかりやすいだけではなく、軽くて明るい印象に仕上げていただきました。

催眠の入門書を書くことを勧めてくださった講談社現代新書編集部の青木肇編集長、道中丁寧に導いてくださった担当編集の小林雅宏さんには、大変お世話になりました。

長くお待たせしてしまいましたが、最初に本のお話をいただいた数年前には、２０２０年がこのような状況になるとは想像もしませんでした。人と向き合う本を、この時代に出すということについて考えます。いまの世界で呼吸をしやすくするために、催眠が一つの手がかりとなることを願っています。

最後に、他の本がそうであるように、この本もまた身近な方々に支えられてできました。本業がある中での刊行作業を快く応援してくださった会社の皆様。原稿に対し的確な感想をくれた友人の田島将太さん、菰原裕さん、堀木智也さん。切磋琢磨し合えるパートナーの青柳美帆子さん。皆様に、心から感謝を。ありがとうございます。

2020年8月

ahead : The 2003 APA Division 30 definition of hypnosis. International Journal of Clinical and Experimental Hypnosis, 53(3), 259–264.

- Gruzelier, J.H. (2000). Redefining hypnosis : Theory, methods and integration. Contemporary Hypnosis, 17(2), 51–70.
- Gruzelier, J. H. (2005). Altered state of consciousness and hypnosis in the twenty-first century. Contemporary Hypnosis, 22(1), 1–7.
- Hammond, D. C. (2013). A review of the history of hypnosis through the late 19th century. American Journal of Clinical Hypnosis, 56(2), 174–191.
- Keshmiri, S., Alimardani, M., Shiomi, M., Sumioka, H., Ishiguro, H., & Hiraki, K. (2020). Higher hypnotic suggestibility is associated with the lower EEG signal variability in theta, alpha, and beta frequency bands. PLoS ONE 15(4), e0230853.
- Kirsch, I., & Braffman, W. (2001). Imaginative suggestibility and hypnotizability, Current Directions in Psychological Science, 10(2), 57–61.
- Kirsch, I., & Lynn, S. J.(1995). The altered state of hypnosis : Changes in the Theoretical Landscape. American Psychologist, 50(10), 846–858.
- Kosslyn, S. M., Thompson, W. L., Costantini-Ferrando, M. F., Alpert, N. M., & Spiegel, D. (2000). Hypnotic visual illusion alters color processing in the brain. American Journal of Psychiatry, 157(8), 1279–1284.
- Lundqvist, L. O., & Dimberg, U. (1995). Facial expressions are contagious. Journal of Psychophysiology, 9(3), 203–211.
- McGeown, W. J., Mazzoni, G., Venneri, A., & Kirsch, I. (2009). Hypnotic induction decreases anterior default mode activity. Conscious Cogn, 18(4), 848–855.
- Nemeth, D., Janacsek, K., Polner, B., & Kovacs, Z. A. (2013). Boosting human learning by hypnosis. Cerebral Cortex, 23(4), 801–805.
- Oakley, D. A., & Halligan, P. W. (2013). Hypnotic suggestion : Opportunities for cognitive neuroscience. Nature Reviews Neuroscience, 14(8), 565–576.
- Priftis, K., Schiff, S., Tikhonoff, V., Giordano, N., Amodio, P., Umiltà, C., & Casiglia, E. (2011). Hypnosis meets neuropsychology : Simulating visuospatial neglect in healthy participants. Neuropsychologia, 49(12), 3346–3350.
- Raz, A. (2011). Hypnosis : A twilight zone of the top-down variety : Few have never heard of hypnosis but most know little about the potential of this mind-body regulation technique for advancing science. Trends in Cognitive Sciences, 15(12), 555–557.
- Raz, A., Kirsch, I., Pollard, J., & Nitkin-Kaner, Y. (2006). Suggestion reduces the Stroop effect. Psychological Science, 17(2), 91–95.
- Raz, A., & Shapiro, T. (2002). Hypnosis and neuroscience : A cross talk between clinical and cognitive research. Archives of General Psychiatry, 59(1), 85–90.
- Raz, A., Shapiro, T., Fan, J., & Posner, M. I. (2002). Hypnotic suggestion and the modulation of Stroop interference. Archives of General Psychiatry, 59(12), 1155–1161.
- Reyher, J. (1962). A paradigm for determining the clinical relevance of hypnotically induced psychopathology. Psychological Bulletin, 59(4), 344–352.
- Upshaw, W. N. (2006). Hypnosis : Medicine's dirty word. American Journal of Clinical Hypnosis, 49(2), 113–122.

主要参考文献

【書籍】

- イゴール・レドチャウスキー、大谷彰訳（2009）『催眠誘導ハンドブック―基礎から高等テクニックまで』金剛出版
- 一柳廣孝（1997）『催眠術の日本近代』青弓社
- 佐々木雄二（1976）『自律訓練法の実際―心身の健康のために』創元社
- 澤野雅樹（2019）『ミルトン・エリクソン―魔法使いの秘密の「ことば」』法政大学出版局
- ジェフリー・K・ザイグ、上地明彦訳（2019）『エリクソニアン催眠誘導―体験喚起のアプローチ』金剛出版
- 高石昇＆大谷彰（2012）『現代催眠原論―理論・臨床・検証』金剛出版
- 長山靖生（2005）『千里眼事件―科学とオカルトの明治日本』平凡社、平凡社新書
- ビル・オハンロン、上地明彦訳（2011）『解決指向催眠実践ガイド―本当の自分を生かし、可能性をひらくためのエリクソニアンアプローチ』金剛出版
- W・H・オハンロン、M・マーチン、津川秀夫訳＆宮田敬一監訳（2001）『ミルトン・エリクソンの催眠療法入門―解決志向アプローチ』金剛出版
- 福山嘉綱＆自律訓練法研究会（2015）『臨床家のための自律訓練法実践マニュアル―効果をあげるための正しい使い方』（中島節夫監修）遠見書房
- Fulcher, R. Z. (2018). The stage & street hypnosis handbook : Entertaining scripts & strategies for stage hypnosis shows and impromptu street hypnosis routines. CreateSpace Independent Publishing Platform.
- Hammond, D. C., ed. (1990). Handbook of hypnotic suggestions and metaphors. W. W. Norton & Company, Inc.
- Nash, M. R., & Barnier, A. J., eds. (2008). The Oxford handbook of hypnosis : Theory, research and practice. Oxford University Press.
- Pintar, J., & Lynn, S. J. (2008). Hypnosis : A brief history. Wiley-Blackwell.

【論文】

- Bowers, K. S. (1998). Waterloo-stanford group scale of hypnotic susceptibility, form c : Manual and response booklet, International Journal of Clinical and Experimental Hypnosis, 46(3), 250–268.
- Deeley, Q., Walsh, E., Oakley, D. A., Bell, V., Koppel, C., Mehta, M. A., & Halligan, P. W. (2013). Using hypnotic suggestion to model loss of control and awareness of movements : An exploratory fMRI study. PloS One, 8(10), e78324.
- Dienes, Z., & Hutton, S. (2013). Understanding hypnosis metacognitively : rTMS applied to left DLPFC increases hypnotic suggestibility. Cortex; A Journal Devoted to the Study of the Nervous System and Behavior, 49(2), 386–392.
- Egner, T., Jamieson, G., & Gruzelier, J. (2005). Hypnosis decouples cognitive control from conflict monitoring processes of the frontal lobe. NeuroImage, 27(4), 969–978.
- Elkins, G. R., Barabasz, A. F., Council, J. R., & Spiegel, D. (2015). Advancing research and practice : The revised APA division 30 definition of hypnosis. International Journal of Clinical and Experimental Hypnosis, 63(1), 1–9.
- Green, J. P., Barabasz, A. F., Barrett, D., & Montgomery, G. H. (2005). Forging

N.D.C. 140　205p　18cm
ISBN978-4-06-520892-2

イラスト：松本 剛

講談社現代新書　2587

はじめての催《さい》眠《みん》術《じゅつ》

二〇二〇年九月二〇日第一刷発行

著　者　漆原《うるしはら》正貴《まさたか》

発行者　渡瀬昌彦

発行所　株式会社講談社
東京都文京区音羽二丁目一二―二一　郵便番号一一二―八〇〇一

電　話　〇三―五三九五―三五二一　編集（現代新書）
〇三―五三九五―四四一五　販売
〇三―五三九五―三六一五　業務

装幀者　中島英樹

印刷所　株式会社新藤慶昌堂

製本所　株式会社国宝社

定価はカバーに表示してあります　Printed in Japan

「講談社現代新書」の刊行にあたって

教養は万人が身をもって養い創造すべきものであって、一部の専門家の占有物として、ただ一方的に人々の手もとに配布され伝達されうるものではありません。

しかし、不幸にしてわが国の現状では、教養の重要な養いとなるべき書物は、ほとんど講壇からの天下りや単なる解説に終始し、知識技術を真剣に希求する青少年・学生・一般民衆の根本的な疑問や興味は、けっして十分に答えられ、解きほぐされ、手引きされることがありません。万人の内奥から発した真正の教養への芽ばえが、こうして放置され、むなしく滅びさる運命にゆだねられているのです。

このことは、中・高校だけで教育をおわる人々の成長をはばんでいるだけでなく、大学に進んだり、インテリと目されたりする人々の精神力の健康さえもむしばみ、わが国の文化の実質をまことに脆弱なものにしています。単なる博識以上の根強い思索力・判断力、および確かな技術にささえられた教養を必要とする日本の将来にとって、これは真剣に憂慮されなければならない事態であるといわなければなりません。

わたしたちの「講談社現代新書」は、この事態の克服を意図して計画されたものです。これによってわたしたちは、講壇からの天下りでもなく、単なる解説書でもない、もっぱら万人の魂に生ずる初発的かつ根本的な問題をとらえ、掘り起こし、手引きし、しかも最新の知識への展望を万人に確立させる書物を、新しく世の中に送り出したいと念願しています。

わたしたちは、創業以来民衆を対象とする啓蒙の仕事に専心してきた講談社にとって、これこそもっともふさわしい課題であり、伝統ある出版社としての義務でもあると考えているのです。

一九六四年四月　野間省一